Randonnées en Europe

50 itinéraires de rêve

ULYSSE

Direction éditoriale
Pierre Ledoux

Recherche et rédaction
Xavier Bonacorsi, Claude Hervé-Bazin, Rodolphe Lasnes, Pierre Longnus, Sarah-Émilie Nault, Yves Ouellet, Anne Pélouas, Frédérique Sauvée

Adjointe à l'édition
Annie Gilbert

Correction
Claire Thivierge

Conception graphique
Pascal Biet

Conception de la couverture
Rachel Labrecque

Mise en page et cartographie
Judy Tan, Philippe Thomas

Photographies

Première de couverture :
Zugspitze, Allemagne © iStockphoto.com/DieterMeyrl.
Lac de Gosau, Autriche © iStockphoto.com/DieterMeyrl.
Écosse, Royaume-Uni © iStockphoto.com/fotoVoyager.
Cinque Terre, Italie © iStockphoto.com/ellobo1.
Mont Blanc, France © iStockphoto.com/SanderStock.
Dolomites, Italie © iStockphoto.com/DieterMeyrl.

Quatrième de couverture :
Îles Lofoten, Norvège © iStockphoto.com/NicoElNino.

Pages intérieures : voir page 204.

Cet ouvrage a été réalisé sous la direction de Daniel Desjardins et de Claude Morneau.

Remerciements

Nous reconnaissons l'appui financier du gouvernement du Canada.
Nous tenons également à remercier le gouvernement du Québec – Programme de crédit d'impôt pour l'édition de livres – Gestion SODEC.

Canadä   Québec ✚✚

Guides de voyage Ulysse est membre de l'Association nationale des éditeurs de livres.

Catalogage avant publication de Bibliothèque et Archives nationales du Québec et Bibliothèque et Archives Canada
Titre: Randonnées en Europe : 50 itinéraires de rêve.
Collections: Collection "Itinéraires de rêve."
Description: Mention de collection: Itinéraires de rêve | Comprend un index.
Identifiants: Canadiana 20190037113 | ISBN 9782765860471
Vedettes-matière: RVM: Randonnée pédestre—Europe—Guides.
Classification: LCC GV199.44.E85 R36 2020 | CDD 796.51094—dc23

Îles Lofoten, Norvège

Îles Canaries, Espagne

La France 17

1 La Grande Traversée du Mercantour, longue randonnée au pays des merveilles 18

2 Marcher à dos de Pyrénées, entre Atlantique et Méditerranée 20

3 Par monts et par vaux dans l'arrière-pays provençal du Vaucluse 24

4 L'inoubliable tour du mont Blanc 28

5 La Haute Route Chamonix-Zermatt, plus belle randonnée glaciaire des Alpes 32

6 La grande traversée des volcans d'Auvergne 36

7 Les côtes bretonnes au long cours 40

8 Le tour de Belle-Île-en-Mer 44

9 Corse : le mythique GR20 à travers l'île de Beauté 46

10 À travers le maquis corse sur le Mare e Monti 50

49

La Suisse et l'Europe centrale 53

11 Tour des Gastlosen et escapade gourmande en Gruyère 54

12 Le grand glacier d'Aletsch : odyssée à la rencontre d'un géant 58

13 Le Creux-du-Van, le Grand Canyon de Suisse 62

14 Randonnée au pays de *Heidi* et de la haute société sur la Via Engiadina 64

15 Incursion en Suisse « méditerranéenne » sur le Sentier Cristallina 68

16 Les crêtes de Brienz : la plus belle randonnée du monde ? 72

17 En Pologne à la recherche des bisons de Białowieża 76

18 Le tour du massif du Dachstein : grande nature et culture locale 78

19 Le sentier Rheinsteig : marcher l'Allemagne au fil du Rhin 82

20 Marcher les Alpes, de Munich à Venise 86

L'Italie, l'Espagne et le sud de l'Europe 91

21 Stromboli, à l'assaut d'un volcan actif 92

22 Cinque Terre : les « montagnes russes » de la Riviera italienne 96

23 Le parc naturel de Cabo de Gata-Níjar, un paradis en Méditerranée 100

24 La Crète, de la mer aux montagnes Blanches 104

25 La Croatie, dans l'intimité des lacs de Plitvice 108

26 Monténégro : les bouches de Kotor à vue d'oiseau 110

27 Majorque : la Serra de Tramuntana, entre mer et montagne 112

28 Açores : les volcans de l'Atlantide perdue 116

29 Sur les sentiers de l'île-jardin de Madère 120

30 Les Canaries, îles du printemps éternel 124

31 Saint-Jacques-de-Compostelle par les chemins de traverse 128

32 De Porto à Compostelle sur le Senda Litoral 132

Le nord de l'Europe 135

33 La Transardennaise : traversée du poumon vert de la Belgique 136

34 Traversée de l'Angleterre au fil du mur d'Hadrien 140

35 Séjour arctique aux îles Lofoten en Norvège 144

36 Randonnée-kayak hors des sentiers battus dans la région d'Ofoten 148

37 La nature sauvage du Circuit de l'Ours en Finlande 152

38 Le Lake District, paradis des randonneurs en Angleterre 156

39 Islande : les falaises de Látrabjarg, tout au bout de l'Europe 160

40 Phénomènes naturels autour du volcan Krafla en Islande 162

41 Les Seven Sisters, merveilles du Sussex 164

42 La Kerry Way, un bijou de randonnée dans l'île d'Émeraude 168

43 Le nid d'aigle du Reinebringen en Norvège 172

44 Knivskjellodden, à l'assaut du *vrai* cap Nord en Norvège 174

45 Orcades et Shetland, balades dans les îles vikings d'Écosse 178

46 Exploration de la mythique île de Skye en Écosse 182

47 Le sentier du Laugavegur en Islande : on va marcher sur la lune ! 186

48 La mystérieuse Estonie, du nord au sud 190

49 Marcher le cœur battant au rythme de la nature sauvage du Groenland 194

50 La Kungsleden, reine des randonnées en Laponie 198

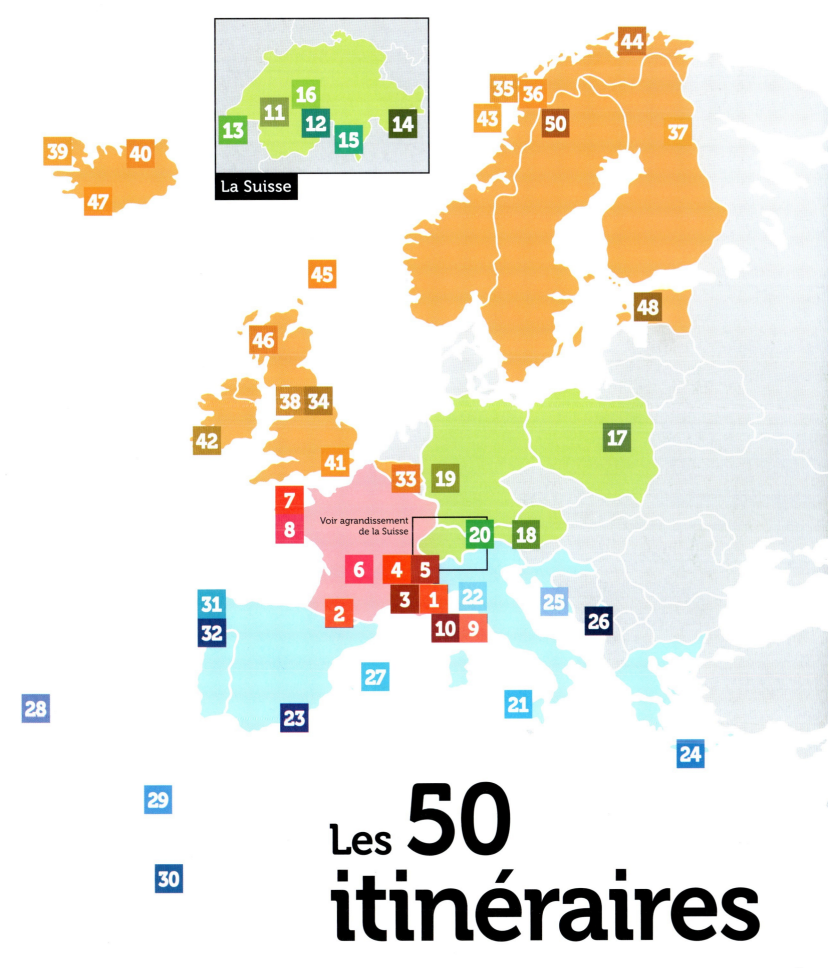

La Suisse

Voir agrandissement
de la Suisse

Les 50 itinéraires

Parc national des lacs de Plitvice, Croatie

Préface

Partir à pied à la découverte des paysages exceptionnels de l'Europe... Parcourir des sentiers qui révèlent des points de vue à couper le souffle... Explorer des parcs nationaux légendaires... Planifier un voyage qui combine visites culturelles et randonnées dans la nature... Poursuivre une quête à la fois sportive et spirituelle... Relever le défi d'une expédition en haute montagne...

Quelles que soient vos motivations, les différents pays d'Europe vous réservent des expériences hors de l'ordinaire. Et comme tout commence toujours par une inspiration, cet ouvrage a pour mission de vous donner cette impulsion de départ. Il vous propose 50 itinéraires de rêve ponctués de randonnées spectaculaires aux quatre coins de l'Europe!

C'est l'apport de véritables passionnés de la marche et des voyages qui a rendu possible la réalisation de ce livre. Ces rédacteurs spécia-lisés, eux-mêmes de grands randonneurs, ont ainsi été mis à contribution pour l'élaboration des itinéraires qui y figurent. Au-delà des parcours eux-mêmes, ils nous livrent aussi leurs conseils éclairés pour des voyages réussis. Nous vous invitons à faire leur connaissance dans la section qui leur est consacrée au début de ce volume.

Marcheurs débutants, randonneurs occasionnels, excursionnistes réguliers et aventuriers confirmés, tous trouveront leur bonheur dans les pages qui suivent. Rappelez-vous toutefois qu'il faut prendre au sérieux tout voyage de randonnée et s'y préparer adéquatement pour y trouver un maximum de plaisir. Les pages introductives de ce livre, rédigées par des experts du domaine, renferment de précieuses recommandations à cet égard; ne manquez pas de les consulter!

Bonnes randonnées!

Nos auteurs,
de véritables passionnés de randonnée

Xavier Bonacorsi

Photographe, kinésiologue, constructeur et disciple de la maxime «la vie se passe dehors», Xavier Bonacorsi s'est découvert une passion pour la montagne et la longue randonnée alors qu'il habitait dans les Rocheuses de l'Ouest canadien, il y a une trentaine d'années. S'il a depuis usé ses bottes dans les chemins de montagne de plusieurs pays, il conserve une affection particulière pour ce savoureux mélange de nature et de culture que l'on retrouve souvent dans les sentiers européens. Xavier écrit maintenant pour divers magazines de photographie, d'entraînement et de plein air. On peut notamment lire ses récits de voyages d'aventure et tests d'équipement de plein air dans le magazine Espaces et sur *www.nature-humaine.ca*.

Claude Hervé-Bazin

Au bout de la route, le chemin promet déjà une nouvelle odyssée. Voyage dans le voyage, incursion dans l'intimité d'une région, la randonnée permet de voir plus, de voir mieux — en prenant le temps de humer, de ressentir, au rythme lent des pas. Cette approche, Claude Hervé-Bazin en a fait son leitmotiv, comme un antidote au rythme effréné de la société contemporaine. Journaliste, photographe et auteur de guides de voyage (dont le guide Ulysse *Hawaï*), travaillant à cheval entre l'Europe et l'Amérique, il a réexploré ici pour Ulysse certains de ses sentiers européens favoris, conduisant à une multitude de bouts du monde fleurant bon l'aventure.

Rodolphe Lasnes

Rodolphe Lasnes est écrivain, auteur de guides de voyage et passionné de randonnée. Il a élimé ses chaussures sur les sentiers d'Afrique de l'Est, de l'Himalaya et des Amériques, du nord au sud. En Europe, ce sont les côtes bretonnes, les pics des Pyrénées et les chemins espagnols qui lui ont procuré ses marches les plus mémorables. Après avoir vécu en France, en Espagne, en Arabie Saoudite et en Irlande, Rodolphe a installé son camp de base à Montréal au tournant des années 2000. Il a aussi contribué à une vingtaine de guides Ulysse, dont *Marcher à Montréal*, *Randonnées en Amérique du Nord – 50 itinéraires de rêve*, *Costa Rica*, *Escale à México*, *Hawaii* et *Le Québec*.

www.rodolphelasnes.ca

Pierre Longnus

Diplômé en journalisme, ancien correspondant de l'AFP à Vancouver, chroniqueur à Radio-Canada, journaliste et rédacteur en chef de journaux et magazines nord-américains, photographe à l'agence Getty Images, Pierre Longnus collabore aux Guides de voyage Ulysse depuis de nombreuses années. Passionné d'expéditions nordiques, il s'installe sur la Côte d'Azur après 15 années de vadrouille dans le Grand Nord américain. Il y fonde une famille, redécouvre les sentiers de sa jeunesse, puis entreprend d'explorer l'incroyable diversité des randonnées en Europe. Ses péripéties familiales et professionnelles l'amèneront à vivre ensuite en Alsace avant de finalement poser son sac à dos dans les Alpes suisses.

Sarah-Émilie Nault

Sarah-Émilie Nault a eu la piqûre de la randonnée en marchant le long de la portion française du chemin de Compostelle. Depuis, la journaliste de voyage et autrice a fait du plein air son dada et de la randonnée, son mode de voyage favori. France, pays de Galles, Estonie, Allemagne, Danemark, Irlande du Nord, Écosse, Tchéquie… les histoires de randonnées en Europe et autour du monde qu'elle écrit pour diverses publications (*Le Journal de Montréal*, *Voyagevoyage. ca*, *Vélo Mag*) sont teintées de ce vent de liberté unique à ces grands espaces qu'elle aime tant.

Yves Ouellet

Ce «vieux routier» cumule 45 ans d'expérience dans le milieu des communications, dont 30 à parcourir le monde comme journaliste en tourisme d'aventure et plein air. Avec 3 500 reportages dans les journaux ou magazines et 25 ouvrages (auteur et coauteur), dont plusieurs guides Ulysse, Yves Ouellet n'a rien perdu de sa passion pour l'exploration, le VR et le plein air en général. Fervent adepte de randonnée pédestre depuis toujours, son terrain de jeu ne cesse de s'agrandir et touche désormais plusieurs destinations européennes qu'il aime découvrir en famille ou avec ses amis marcheurs.

Anne Pélouas

Anne Pélouas a commencé à faire de la randonnée avec sac à dos à l'âge de huit ans, dans un mouvement de scoutisme français. Elle ne s'est jamais arrêtée depuis de marcher en longueur comme en hauteur, notamment en Europe : Pyrénées, tour du mont Blanc, îles Lofoten, Cinque Terre, traversée des Alpes… Journaliste indépendante et auteure, Anne a longtemps été correspondante au Canada pour le quotidien *Le Monde*, et demeure journaliste spécialisée en tourisme et plein air, notamment pour *Géo Plein Air*, *Avenues*, *Radio Montréal-France*, *La Presse* et *Le Journal de Montréal*. Elle est l'auteure entre autres d'un essai (*Les Inuits résistants!*) et coauteure du guide Ulysse *Fabuleuse France*.

Frédérique Sauvée

Jamais loin de ses chaussures de marche, Frédérique Sauvée parcourt le monde à la recherche de destinations et de reportages inspirants pour les médias voyage et plein air auxquels elle collabore, dont le magazine *Espaces* depuis plus de 10 ans. Elle affectionne particulièrement l'Europe, son continent d'origine, dont elle sillonne en long et en large les sentiers de randonnée, du GR20 en Corse aux Highlands écossais. Elle a participé à la réalisation de plusieurs guides Ulysse, dont *Randonnée pédestre au Québec*, *Explorez Terre-Neuve et Saint-Pierre-et-Miquelon* et *Randonnées en Amérique du Nord – 50 itinéraires de rêve*.

Partir en voyage de randonnée : l'aspect pratique des choses*

Comprendre les niveaux de difficulté des voyages

Bien choisir le niveau de vos randonnées, connaître les précautions à prendre et soigner votre préparation physique sont les clés de la réussite de votre voyage.

Pour chacun des itinéraires proposés dans ce livre, des pictogrammes donnent des indications du niveau de difficulté physique, du dénivelé et de l'altitude. Voici les clés pour comprendre leur signification :

Niveaux de difficulté physique

1 à 4 heures maximum de marche par jour. Faible dénivelé.

Aucun entraînement spécifique requis.

4 à 6 heures de marche par jour environ. Dénivelé positif de 300 à 500 m.

Bonne condition physique requise.

5 à 6 heures de marche par jour environ. Dénivelé positif de 500 à 800 m, allant parfois jusqu'à 1000 m.

Bonne condition physique requise. Prévoyez un entraînement avant votre départ.

6 heures et plus de marche par jour environ. Dénivelé positif de 500 à 1 000 m, très souvent au-delà de 1 000 m. Très bonne condition physique requise.

Pratique régulière d'un sport d'endurance deux à trois mois avant le départ.

Trekking de 7 heures par jour environ. Dénivelé positif de plus de 1 000 m. Forte motivation. Pour sportifs confirmés pratiquant un entraînement régulier plusieurs fois par semaine.

Niveaux d'altitude

▲ △ △ △ △   Moins de 1 500 m d'altitude

▲ ▲ △ △ △   De 1 500 m à 2 500 m d'altitude

▲ ▲ ▲ △ △   De 2 500 m à 4 000 m d'altitude

▲ ▲ ▲ ▲ △   De 4 000 m à 5 000 m d'altitude

▲ ▲ ▲ ▲ ▲   Plus de 5 000 m d'altitude

La préparation physique

Pour n'importe quel voyage à partir de « 2 chaussures » (🥾🥾), il faut se préparer pour être en forme le jour du départ. La préparation doit être adaptée au niveau de difficulté du voyage choisi.

En effet, le trek est un sport d'endurance. Si vous pratiquez régulièrement randonnée, vélo, ski de fond ou natation, vous profiterez pleinement de vos voyages. Sinon, commencez à vous entraîner au moins trois mois avant de partir afin d'améliorer votre endurance. Le meilleur entraînement reste bien évidemment la marche, en montagne si possible. Si vous êtes peu sportif, prenez l'avis de votre professionnel de la santé avant d'entreprendre un séjour de randonnée.

Les itinéraires à partir de « 4 chaussures » (🥾🥾🥾🥾) s'adressent à des randonneurs qui entretiennent leur condition physique toute l'année. Dans ce cas, renforcez l'entraînement dans les deux à trois mois précédant votre voyage et pratiquez un sport d'endurance pendant une heure, deux ou trois fois par semaine.

*Texte reproduit avec la permission de Terres d'Aventure, agence spécialisée dans la conception de voyages de randonnée et d'aventure.

Creux-du-Van, Suisse

Le cas particulier des randonnées en haute montagne

Par Emmanuel Daigle

Randonnée ou trekking ?

Un trekking est une randonnée qui se déroule à plus de 2 500 m, niveau qui correspond à la haute altitude. Votre préparation sera légèrement différente, selon que vous évoluerez ou non en haute altitude.

Suis-je assez en forme ?

Une randonnée de plusieurs jours est un sport d'endurance et demande donc une bonne condition physique afin d'avoir du plaisir durant l'expérience. Nul besoin d'être un athlète de haut niveau, mais un entraînement physique minimal est requis. Pour être mieux à même d'évaluer votre capacité à vous engager dans ce genre de voyage, adressez-vous à votre professionnel de la santé. Et n'oubliez pas : votre niveau de condition physique déterminera le plaisir ressenti en montagne.

Pour les gens plutôt sédentaires, il faut compter un entraînement adapté au moins six mois avant le départ. Si vous pratiquez une activité physique de façon régulière, et durant toute l'année, trois mois de préparation plus spécifique devraient convenir pour la plupart des projets en montagne.

Si vous planifiez un séjour en haute altitude, sachez qu'en Europe, certains centres spécialisés proposent des tests spécifiques pour connaître votre capacité à vous adapter à l'altitude (test à l'hypoxie). Pour connaître la liste de ces centres, consultez le site Web de l'Ifremmont (Institut de formation et de recherche en médecine de montagne) : *www.ifremmont.com*.

Comment vous préparer pour la haute altitude ?

Par convention, on parle de haute altitude à partir de 2 500 m. L'altitude à laquelle on commence à ressentir ses effets physiques varie d'une personne à l'autre, et d'une expérience à l'autre. Certains peuvent éprouver un essoufflement à l'effort, des maux de tête ou une fatigue générale, ce qui se traduit par une baisse de la performance par rapport à celle du niveau de la mer.

Aucun entraînement physique ne peut améliorer votre acclimatation à l'altitude ; celle-ci est une réponse physiologique face à un manque d'oxygène (augmentation de la fréquence cardiaque, augmentation de l'amplitude respiratoire, etc.). Ces réactions physiques sont nécessaires à une bonne acclimatation, car elles augmentent l'oxygénation du corps. La vitesse et la qualité de l'acclimatation varient d'une personne à l'autre, et ne dépendent ni de l'entraînement physique ni de l'expérience. Elles relèvent essentiellement de la génétique.

Durant la période d'acclimatation, il est normal de ressentir un inconfort léger, mais **celui-ci ne doit pas s'intensifier** ; il faut donc veiller à doser ses efforts.

Pour bien se porter en altitude, le corps devra produire davantage de globules rouges afin d'améliorer le transport de l'oxygène. Cette surproduction de globules rouges fait partie du processus d'acclimatation et débutera à partir de la huitième journée à plus de 2 500 m.

Quelques recommandations pour une acclimatation réussie :

- Privilégiez une ascension lente, avec des gains d'altitude modeste (400 m en gain d'altitude/jour à partir de 2 500 m ; à partir de 3 000 m, prévoyez passer deux nuits consécutives à la même altitude à chaque palier de 1 000 m.).
- Limitez les efforts physiques (portez un sac à dos léger).
- Buvez beaucoup d'eau (4 à 5 litres/jour).
- Ne négligez aucun symptôme*.

Si vous ne respectez pas ces règles simples, vous vous exposez à des problèmes de santé potentiellement très graves (mal aigu des montagnes, œdème pulmonaire, œdème cérébral, pour ne nommer que les principaux). Il est impératif de bien se renseigner sur le sujet afin d'être le plus autonome possible pour prendre les bonnes décisions concernant votre santé. À cet effet, l'**Académie Haute Montagne** (*www.academiehautemontagne.com*) peut être un bon allié pour votre préparation.

En outre, la présence d'un professionnel de la montagne apte à décider, en cas de nécessité, des solutions d'urgence (redescente, mise en route de traitement, utilisation d'un caisson hyperbare portable ou de l'oxygène) est un gage de sécurité pour tous.

Si vous respectez les règles de base et suivez les conseils des professionnels, votre séjour sera des plus agréables et vous vivrez votre aventure dans le plaisir.

---

* Que ce soit un mal de tête, une nausée, de l'essoufflement au repos, de l'insomnie ou d'un œdème localisé (gonflement du visage, des mains ou pieds), certaines mesures doivent être prises rapidement pour éviter les complications.
1. Arrêter l'ascension et traiter les symptômes.
2. Assurer une hydratation adéquate et prendre la médication appropriée selon le cas.
3. S'il n'y pas d'amélioration de l'état de santé, planifier une descente sans tarder d'au moins 1 000 m. Dans le doute, descendre jusqu'à un centre médical pour une évaluation d'un professionnel de la santé.

Emmanuel Daigle *est formateur, conférencier, guide de trek en haute altitude, chroniqueur, auteur et testeur d'équipement spécialisé, reconnu comme un excellent vulgarisateur et un pédagogue hors pair.*

Il est régulièrement invité à donner de la formation lors de congrès en médecine santé voyage. Plus récemment, il a fondé une académie de formation sur Internet afin de préparer les gens pour leur aventure en montagne : www.academiehautemontagne.com.

Les 50 randonnées
classées par niveau de difficulté

👢🥾🥾🥾🥾

- Tour des Gastlosen et escapade gourmande en Gruyère (p. 54)
- En Pologne à la recherche des bisons de Białowieża (p. 76)
- De Porto à Compostelle sur le Senda Litoral (p. 132)

- Islande : les falaises de Látrabjarg, tout au bout de l'Europe (p. 160)
- Phénomènes naturels autour du volcan Krafla en Islande (p. 162)
- Orcades et Shetland, balades dans les îles vikings d'Écosse (p. 178)

👢👢🥾🥾🥾

- Par monts et par vaux dans l'arrière-pays provençal du Vaucluse (p. 24)
- Le tour de Belle-Île-en-Mer (p. 44)
- Le Creux-du-Van, Grand Canyon de la Suisse (p. 62)
- Randonnée au pays de *Heidi* et de la haute société sur la Via Engiadina (p. 64)
- Cinque Terre : les « montagnes russes » de la Riviera italienne (p. 96)

- La Croatie, dans l'intimité des lacs de Plitvice (p. 108)
- La Transardennaise : traversée du poumon vert de la Belgique (p. 136)
- Traversée de l'Angleterre au fil du mur d'Hadrien (p. 140)
- Les Seven Sisters, merveilles du Sussex (p. 164)
- Exploration de la mythique île de Skye en Écosse (p. 182)
- La mystérieuse Estonie, du nord au sud (p. 190)

👢👢👢🥾🥾

- La grande traversée des volcans d'Auvergne (p. 36)
- Les côtes bretonnes au long cours (p. 40)
- À travers le maquis corse sur le Mare e Monti (p. 50)
- Le grand glacier d'Aletsch : odyssée à la rencontre d'un géant (p. 58)
- Le tour du massif du Dachstein : grande nature et culture locale (p. 78)
- Le sentier Rheinsteig : marcher l'Allemagne au fil du Rhin (p. 82)
- Le parc naturel de Cabo de Gata-Níjar, un paradis en Méditerranée (p. 100)
- La Crète, de la mer aux montagnes Blanches (p. 104)
- Monténégro : les bouches de Kotor à vue d'oiseau (p. 110)
- Açores : les volcans de l'Atlantide perdue (p. 116)
- Sur les sentiers de l'île-jardin de Madère (p. 120)
- Les Canaries, îles du printemps éternel (p. 124)

- Saint-Jacques-de-Compostelle par les chemins de traverse (p. 128)
- Séjour arctique aux îles Lofoten en Norvège (p. 144)
- Randonnée-kayak hors des sentiers battus dans la région d'Ofoten (p. 148)
- La nature sauvage du Circuit de l'Ours en Finlande (p. 152)
- Le Lake District, paradis des randonneurs en Angleterre (p. 156)
- La Kerry Way, un bijou de randonnée dans l'île d'Émeraude (p. 168)
- Le nid d'aigle du Reinebringen en Norvège (p. 172)
- Knivskjellodden, à l'assaut du *vrai* cap Nord en Norvège (p. 174)
- Le sentier du Laugavegur en Islande : on va marcher sur la lune! (p. 186)
- Marcher le cœur battant au rythme de la nature sauvage du Groenland (p. 194)
- La Kungsleden, reine des randonnées en Laponie (p. 198)

👢👢👢👢🥾

- La Grande Traversée du Mercantour, longue randonnée au pays des merveilles (p. 18)
- Marcher à dos de Pyrénées, entre Atlantique et Méditerranée (p. 20)
- L'inoubliable tour du mont Blanc (p. 28)
- Incursion en Suisse méditerranéenne sur le Sentier Cristallina (p. 68)

- Les crêtes de Brienz : la plus belle randonnée du monde? (p. 72)
- Marcher les Alpes, de Munich à Venise (p. 86)
- Stromboli, à l'assaut d'un volcan actif (p. 92)
- Majorque : la Serra de Tramuntana, entre mer et montagne (p. 112)

👢👢👢👢👢

- La Haute Route Chamonix-Zermatt, plus belle randonnée glaciaire des Alpes (p. 32)

- Corse : le mythique GR20 à travers l'île de Beauté (p. 46)

Açores, Portugal

Randonnées à la carte

Si vous en êtes à vos débuts comme randonneur...

- Tour des Gastlosen et escapade gourmande en Gruyère (p. 54)
- En Pologne à la recherche des bisons de Białowieża (p. 76)
- De Porto à Compostelle sur le Senda Litoral (p. 132)
- Islande : les falaises de Látrabjarg, tout au bout de l'Europe (p. 160)
- Phénomènes naturels autour du volcan Krafla en Islande (p. 162)
- Orcades et Shetland, balades dans les îles vikings d'Écosse (p. 178)
- Le tour de Belle-Île-en-Mer (p. 44)
- La Croatie, dans l'intimité des lacs de Plitvice (p. 108)

De beaux voyages à faire avec des enfants...

- En Pologne à la recherche des bisons de Białowieża (p. 76)
- Islande : les falaises de Látrabjarg, tout au bout de l'Europe (p. 160)
- Phénomènes naturels autour du volcan Krafla en Islande (p. 162)
- Orcades et Shetland, balades dans les îles vikings d'Écosse (p. 178)
- Le tour de Belle-Île-en-Mer (p. 44)
- Randonnée au pays de *Heidi* et de la haute société sur la Via Engiadina (p. 64)

Si vous avez une âme d'aventurier...

- La mystérieuse Estonie, du nord au sud (p. 190)
- Le grand glacier d'Aletsch : odyssée à la rencontre d'un géant (p. 58)
- Açores : les volcans de l'Atlantide perdue (p. 116)
- Sur les sentiers de l'île-jardin de Madère (p. 120)
- Séjour arctique aux îles Lofoten en Norvège (p. 144)
- Randonnée-kayak hors des sentiers battus dans la région d'Ofoten (p. 148)
- Knivskjellodden, à l'assaut du *vrai* cap Nord en Norvège (p. 174)
- Le sentier du Laugavegur en Islande : on va marcher sur la lune! (p. 186)
- Marcher le cœur battant au rythme de la nature sauvage du Groenland (p. 194)
- La Kungsleden, reine des randonnées en Laponie (p. 198)
- Stromboli, à l'assaut d'un volcan actif (p. 92)

Pour randonner au fil de l'eau...

- De Porto à Compostelle sur le Senda Litoral (p. 132)
- Islande : les falaises de Látrabjarg, tout au bout de l'Europe (p. 160)
- Orcades et Shetland, balades dans les îles vikings d'Écosse (p. 178)
- Le tour de Belle-Île-en-Mer (p. 44)
- Cinque Terre : les «montagnes russes» de la Riviera italienne (p. 96)
- La Croatie, dans l'intimité des lacs de Plitvice (p. 108)
- Les Seven Sisters, merveilles du Sussex (p. 164)
- Exploration de la mythique île de Skye en Écosse (p. 182)
- Les côtes bretonnes au long cours (p. 40)
- À travers le maquis corse sur le Mare e Monti (p. 50)
- Le sentier Rheinsteig : marcher l'Allemagne au fil du Rhin (p. 82)
- Le parc naturel de Cabo de Gata-Níjar, un paradis en Méditerranée (p. 100)
- La Crète, de la mer aux montagnes Blanches (p. 104)
- Séjour arctique aux îles Lofoten en Norvège (p. 144)
- Randonnée-kayak hors des sentiers battus dans la région d'Ofoten (p. 148)
- Le Lake District, paradis des randonneurs en Angleterre (p. 156)

Des défis pour les randonneurs expérimentés...

- La Grande Traversée du Mercantour, longue randonnée au pays des merveilles (p. 18)
- L'inoubliable tour du mont Blanc (p. 28)
- Incursion en Suisse méditerranéenne sur le Sentier Cristallina (p. 68)
- Les crêtes de Brienz : la plus belle randonnée du monde? (p. 72)
- Marcher les Alpes, de Munich à Venise (p. 86)
- Majorque : la Serra de Tramuntana, entre mer et montagne (p. 112)
- La Haute Route Chamonix-Zermatt, plus belle randonnée glaciaire des Alpes (p. 32)
- Corse : le mythique GR20 à travers l'île de Beauté (p. 46)

Alpes françaises

La France

1 La Grande Traversée du **Mercantour**, longue randonnée au pays des merveilles 18

2 Marcher à dos de **Pyrénées**, entre Atlantique et Méditerranée 20

3 Par monts et par vaux dans l'arrière-pays provençal du **Vaucluse** 24

4 L'inoubliable tour du **mont Blanc** 28

5 La Haute Route **Chamonix-Zermatt**, plus belle randonnée glaciaire des Alpes 32

6 La grande traversée des **volcans d'Auvergne** 36

7 Les **côtes bretonnes** au long cours 40

8 Le tour de **Belle-Île-en-Mer** 44

9 **Corse** : le mythique GR20 à travers l'île de Beauté 46

10 À travers le maquis corse sur le **Mare e Monti** 50

1

Pas des Ladres

La France

17 jours

D'Estenc à Menton

Pour qui ? Pourquoi ?

Pour les randonneurs avertis, prêts à faire une longue traversée épique menant des hautes montagnes alpines à la Méditerranée par des cols d'altitude et de forts dénivelés.

Inoubliable...

Rencontrer un troupeau de chamois au détour d'un sentier.

Découvrir par hasard une gravure rupestre sur une dalle de la vallée des Merveilles.

Plonger visuellement dans la Méditerranée depuis le col du Berceau.

La Grande Traversée du **Mercantour**, longue randonnée au pays des merveilles

Niché entre les Alpes et la mer Méditerranée, le massif de l'Argentera-Mercantour présente un terrain de jeu exceptionnel pour la longue randonnée. À cheval sur la frontière franco-italienne, le parcours de la Grande Traversée du Mercantour s'étire sur plus de 200 km. L'itinéraire débute dans la Haute Vallée du Var, traverse deux autres vallées et nombre de cols avant de descendre jusqu'à Menton, depuis le refuge des Merveilles. Des paysages de haute montagne à couper le souffle s'ouvrent au final sur la mer, avec la vallée des Merveilles et ses exceptionnelles gravures rupestres pour point d'orgue.

Vallée des Merveilles

Bouquetin

Nos conseils

À prévoir

Comptez 5h à 7h de marche quotidienne, sans les pauses. Cet itinéraire sportif nécessite une bonne forme physique et de l'endurance. On couche en refuges ou en gîtes offrant petit déjeuner et dîner, ce qui permet d'alléger le sac à dos.

À voir

Ne manquez pas la visite guidée du « monument historique à ciel ouvert » qu'est la vallée des Merveilles, avec ses 40 000 gravures (datant de 3 000 ans avant notre ère) tracées sur d'immenses dalles rocheuses polies par les glaciers.

Jours 1 à 4

Estenc – Saint-Dalmas-le-Selvage – Bousiéyas – Ferrere (Italie) – Vens

Départ en grand dans la Haute Vallée du Var, avec succession de cols dépassant 2 000 m et descentes en alpages vers des hameaux ou refuges. En prime : un premier tour en Italie, par Ferrere.

Jours 5 à 8

Vens – Refuge de Rabuons – Refuge Alexandris Foches (Italie) – Sanctuaire Sant'Anna di Vinadio (Italie) – Isola 2000

Un itinéraire en balcon, assez facile, mène au refuge de Rabuons. Ardue, l'étape suivante compte un belvédère sur le mont Mounier (2 817 m) avant la descente au refuge italien Alexandris Foches. Le parcours panoramique du lendemain aboutit au sanctuaire Sant'Anna di Vinadio. Au jour 8, grimpez sur une crête du col frontalier de la Lombarde, puis rejoignez la station française Isola 2000.

Jours 9 à 12

Isola 2000 – Refuge Emilio Questa (Italie) – Le Boréon – Pas des Ladres – La Madone de Fenestre – Refuge de Nice

Une montée à 2 628 m marque le retour en Italie, puis une descente grandiose conduit au refuge Emilio Questa, un ancien pavillon de chasse royal. Bien que difficile, la prochaine portion permet d'admirer du col de Fremamorte une enfilade de lacs et le mont Argentera. Du Boréon, grimpez ensuite au Pas des Ladres où chamois et sommets se disputeront votre attention, puis descendez à La Madone de Fenestre. Le lendemain, vous côtoierez les sommets les plus élevés du Mercantour avant d'arriver au refuge de Nice.

Jours 13 à 17

Refuge de Nice – Refuge des Merveilles – Camp d'Argent – Sospel – Menton

Franchissez le plus haut col du circuit, la Baisse du Basto (2 693 m), et traversez la vallée des Merveilles aux multiples gravures rupestres. Passez une journée au refuge de Nice pour en profiter! Vous cheminerez ensuite sur des pelouses alpines jusqu'à La Redoute, un belvédère sur la Méditerranée. De Camp d'Argent, la crête de Ventabren offre un parcours panoramique d'exception, précédant une descente soutenue vers Sospel. Dernière étape vertigineuse : l'ascension au col du Razet (1 033 m) est récompensée par la vue sur la Méditerranée, celle qui conduit au col du Berceau (1090 m) par le panorama sur Menton et les corniches de la Côte d'Azur.

France, Italie

La France

Quand y aller ?
De la mi-juin à la mi-septembre, mais considérez la présence de névés permanents au-dessus de 2 500 m, même au plus fort de l'été.

13 jours

De **Saint-Jean-de-Luz (Pyrénées-Atlantiques)** à **Eyne (Pyrénées-Orientales)**

Pour qui ? Pourquoi ?

Pour les amoureux de la haute montagne, randonneurs de niveau intermédiaire ou aguerris; pour découvrir un massif aux différences marquées, entre vallées profondes, pâturages d'altitude et pics acérés.

Inoubliable…

Découvrir les magnifiques aiguilles d'Ansabère depuis le col de Pétragème.

Profiter, du col de la Cascade, de la plus belle vue sur le cirque de Gavarnie.

Plonger les yeux dans la « mer » de montagnes franco-espagnoles depuis la crête étroite de la pique d'Estats.

Marcher à dos de **Pyrénées**, entre Atlantique et Méditerranée

Une chaîne de 430 km s'étirant entre deux océans, l'Atlantique et la Méditerranée, et deux pays, la France et l'Espagne : les Pyrénées sont un paradis pour la randonnée, courte ou longue, facile ou ardue! Des sommets de plus de 3 000 m y tutoient les nuages. Des lacs suspendus leur offrent des miroirs parfaits; des cirques leur servent d'écrins. Des refuges de montagne vous accueillent le soir dans ces décors de rêve et, plus bas, alpages et petits villages se disputent votre attention quand vient le temps du repos bien mérité.

Cirque de Gavarnie

Jours 1 à 3

Saint-Jean-de-Luz – Sare – Pic d'Ibanteli – Sare – Lescun – Pic d'Ansabère – Col de Pétragème – Lescun 🚶

De Saint-Jean-de-Luz, roulez jusqu'à Sare, où une boucle (3h30, 620 m de dénivelé) transite de forêts en landes et éboulis. Le sentier grimpe, longe la frontière espagnole jusqu'à la crête et atteint le pic d'Ibanteli (698 m). Au retour, rejoignez le col de Lizarietta, puis la route et un sentier forestier.

Le lendemain, rendez-vous à Lescun. Stationnez au pont Lamary pour monter vers les deux aiguilles du pic d'Ansabère (2 360 m). En 1h, atteignez les cabanes de Pédain et dormez au refuge non gardé. Au matin, grimpez dans la pierraille au col

de Pétragème (3h30) en profitant de la vue sur les aiguilles, puis au sommet de la plus grande! Descendez par le sentier des cabanes d'Ansabère pour retrouver le sentier du départ.

Jours 4 et 5

Lescun – Lac de Bious-Artigues – Tour du pic du Midi d'Ossau – Lescun 🚶

L'approche de l'ancien volcan, en forme de cheminée, passe par le col béarnais de Peyreget. Départ du lac de Bious-Artigues. Au programme : 7h de marche, 1 100 m de montée et trois cols, dont Peyreget (2 300 m), pour apprécier le géant sous toutes ses faces. À mi-chemin, le refuge de Pombie doit son nom à l'imposante muraille sud du pic du Midi d'Ossau.

Jours 6 à 8

Lescun – Gavarnie – Cirque de Gavarnie – Refuge de la brèche de Roland – Pic du Marboré – Gavarnie 🚶

Les cirques font le charme des Pyrénées centrales. Plus grand amphithéâtre naturel du monde, celui de Gavarnie se déploie en murailles dépassant 1 000 m, étagées en trois gradins, avec une cascade de 423 m et une crête hérissée de sommets de plus de 3 000 m. Rendez-vous à Gavarnie en voiture, visitez le site ultra-touristique tôt le matin, puis filez sur les hauteurs!

La randonnée au pic du Marboré (8h aller-retour du refuge de la brèche de Roland) offre un magnifique belvédère sur la région. Montez la veille au refuge (2h30), puis grim-

Refuge de la brèche de Roland

Pic du Midi d'Ossau

Pic de Vignemale

La France

pez jusqu'à la célèbre brèche de Roland. Du col des Isards, sous Le Casque (3 006 m), rejoignez le col de la Cascade, qui déploie une vue magique sur le cirque de Gavarnie. Environ 1h30 plus tard, le sommet du Marboré, point culminant du lieu (3 248 m), sera à vous.

Jours 9 à 11

Gavarnie – Marc – Refuge du Pinet – Pique d'Estats – Pic du Montcalm – Refuge du Pinet – Marc 🚶

Commencez l'itinéraire au stationnement de l'Artigue (1 180 m), passé le village de Marc, en direction du refuge du Pinet (2 240 m). Le parcours de 3h traverse un boisé et monte ensuite en zone ouverte, permettant d'admi-

À la découverte du parc national des Pyrénées

Trois parcs nationaux se trouvent dans les Pyrénées : deux sur le versant espagnol (Aigüestortes; Ordesa/Mont Perdu) et un du côté français (le parc national des Pyrénées). Créé en 1967, ce dernier s'étire sur 100 km et fait plus de 457 km² (plus de 2 000 km² avec sa zone préparc à protection plus limitée) et pas moins de six vallées des Pyrénées-Atlantiques aux Hautes-Pyrénées. Une kyrielle de hauts sommets, du pic de Labigouer à l'ouest au pic Long à l'est, sont situés sur son territoire. Ses vedettes ont pour noms pic du Midi d'Ossau, cirque de Gavarnie et pic de Vignemale. Le parc gère plusieurs refuges d'altitude, dont ceux de la brèche de Roland et de Pombie (vallée d'Ossau). Il n'offre toutefois pas de camping, mais permet de bivouaquer en plantant une petite tente pour la nuit sur certains sites identifiés ainsi qu'à proximité des refuges.

rer les sommets environnants et plusieurs plans d'eau. Dormez au refuge au bord d'un bel étang. La randonnée du lendemain (5h aller-retour, 1 050 m de dénivelé) gravit à flanc de montagne, dans la rocaille constellée de névés. Passé l'étang du Montcalm, des lacets mènent au col de la Coumette

(2 900 m), entre le pic du Montcalm (3 077 m) et la pique d'Estats (3 143 m). Poussez sur l'étroite crête de cette dernière, à cheval sur la frontière espagnole, avec vue à 360 degrés. Au retour, grimpez au sommet du Montcalm avant de rentrer au refuge du Pinet pour la nuit.

Aiguilles d'Ansabère

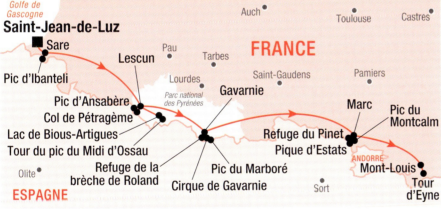

Golfe de Gascogne · Saint-Jean-de-Luz · Sare · Pic d'Ibanteli · Lescun · Pic d'Ansabère · Col de Pétragème · Lac de Bious-Artigues · Tour du pic du Midi d'Ossau · Refuge de la brèche de Roland · Pau · Tarbes · Lourdes · Parc national des Pyrénées · Gavarnie · FRANCE · Auch · Toulouse · Castres · Saint-Gaudens · Pamiers · Marc · Pic du Montcalm · Refuge du Pinet · Pique d'Estats · Pic du Marboré · Cirque de Gavarnie · Sort · ANDORRE · Mont-Louis · Tour d'Eyne · Olite · ESPAGNE

Jours 12 et 13

Marc – Mont-Louis – Tour d'Eyne – Mont-Louis 🚶

En route pour Eyne depuis Mont-Louis. Le sentier de la tour d'Eyne débute à 3 km du village. Le parcours de 7-8h (dénivelé de 1 100 m à l'aller et au retour) est exigeant, mais réputé pour ses richesses botaniques et les isards qui y sont souvent visibles! Traversez des pâturages bucoliques, puis prenez de l'altitude avec le col de Nuria et le pic d'Eyne pour repères. La montée en lacets, ardue, aboutit au col de Nuria. Suivez la crête jusqu'au pic d'Eyne (2 786 m). La vue est à couper le souffle. Une boucle permet de rejoindre la tour d'Eyne (2 850 m) et le retour se fait par le même sentier.

🪧 Nos conseils

Les Pyrénées sont truffées de sentiers de randonnée de tout calibre. Soyez vigilant en faisant votre choix, selon vos aptitudes personnelles et votre équipement (chaussures notamment).

Les itinéraires du GR10, qui transitent par les vallées et la moyenne montagne, sont plus faciles que les étapes de randonnée de la Haute Route Pyrénéenne (HRP). Celle-ci traverse aussi toutes les Pyrénées, mais en passant par les crêtes! Entre les deux, vous trouverez « chaussure à votre pied » via une foule de pistes de longueurs variées et généralement bien balisées.

La France

La France

Quand y aller ?
*Du printemps à l'automne,
l'été étant préférable pour
éviter la neige sur le mont Ventoux
et voir la lavande en fleur.*

Dentelles de Montmirail

11 jours

D'**Avignon** à **Cavaillon**

Pour qui ? Pourquoi ?

*Pour les amateurs de randonnée
à la recherche de décors variés :
moyenne montagne, canyons
et gorges, vignes et champs de
lavande, parcours historiques…*

Inoubliable…

*Assister au lever du soleil du
sommet du mont Ventoux.*

*Admirer les dentelles de Montmirail
qui surplombent des vignes en
terrasses.*

*Fouler le sol du Colorado provençal
où l'ocre domine.*

*Se sentir tout petit sous les rochers
de Baude.*

Par monts et par vaux dans l'arrière-pays provençal du **Vaucluse**

Des petits villages accrochés au roc, d'étroites routes de campagne grimpant sur des collines où règne la garrigue, des marchés colorés, des vignes et des champs de lavande… Au nord de Marseille, dans le sud-est de la France, le Vaucluse a un charme fou, que l'on découvre surtout à pied dans ses montagnes ayant pour noms massif du Luberon, mont Ventoux, monts de Vaucluse, dentelles de Montmirail… Sans oublier des gorges profondes et le surprenant Colorado provençal aux curieuses roches rouge ocre.

Au sommet du mont Ventoux

Les ruines de Vaison-la-Romaine

Gorges de la Nesque

Les à-côtés « obligatoires » de la randonnée dans le Vaucluse

Ne ratez pas la visite d'Avignon, dont le Palais des Papes et le pont Saint-Bénezet sont classés au patrimoine mondial de l'UNESCO. Déambulez dans Carpentras, royaume de la fraise et du berlingot, qui abrite la plus ancienne synagogue française en activité. Au nord des dentelles de Montmirail, le village médiéval de Séguret et les ruines de Vaison-la-Romaine méritent aussi qu'on s'y attarde.

Au pied du mont Ventoux, dormez au moins une nuit à Saint-Léger-du-Ventoux et rendez-vous au jardin Singulier; librairie, lieu artistique et café, le site compte aussi de jolis sentiers thématiques. À Sault, capitale de la lavande (qui fleurit de la mi-juin à la fin juillet), empruntez le chemin des Lavandes (5,3 km) et à Gordes, ne manquez ni le parcours dans le joli village perché aux maisons en pierre sèche ni la visite de l'imposante abbaye de Sénanque. En fin de périple, demeurez à Cavaillon et dégustez son célèbre melon, produit de mai à septembre, avec du jambon cru et un muscat de Beaumes-de-Venise ou un vin du Ventoux!

Jours 1 et 2

Avignon – Fontaine-de-Vaucluse 🚶

Dédiez votre première journée à la visite des attraits d'Avignon (voir encadré). Le lendemain, filez en voiture vers Fontaine-de-Vaucluse où une boucle de 2,5 km (1h30) passe par le gouffre de la Sorgue, au pied d'une falaise. Au retour, montez au château des évêques de Cavaillon qui surplombe le village.

Jours 3 et 4

Fontaine-de-Vaucluse – Gigondas – Dentelles de Montmirail – Gigondas 🚶

Rejoignez en voiture le village perché de Gigondas où s'amorce la randonnée dans les dentelles de Montmirail aux arêtes de calcaire. Une boucle sportive de 12 km (4h30) à destination de la tour Sarrasine en donne un bon aperçu. Après 500 m sur la « route des Dentelles », puis le GR de Pays vers Montmirail, une large piste vous mène au pied du rocher du Midi qui affiche un panorama grandiose! Passez près des vestiges de la tour Sarrasine, tour à signaux du XIIe s., et suivez un sentier en balcon jusqu'à la descente vers Gigondas.

La France

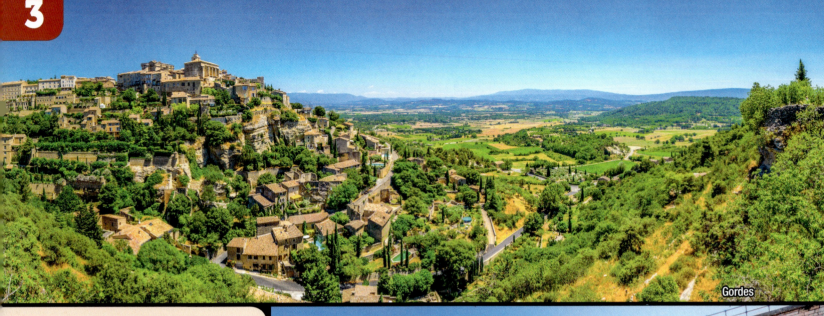

Gordes

 Nos conseils

Même si les dénivelés des randonnées proposées semblent peu élevés (mis à part ceux du mont Ventoux), ne négligez pas leur difficulté ; le terrain, souvent pentu ou rocailleux, transite parfois par des pierriers exigeant une grande prudence. En été, saison idéale pour explorer le mont Ventoux, la chaleur intense impose également de partir tôt et de veiller à transporter suffisamment d'eau pour s'hydrater, surtout là où vous ne trouverez pas de source, comme dans le Colorado provençal.

Pont Saint-Bénezet, Avignon

La France

Jours 5 et 6

Gigondas – Les Alazards – Mont Serein – Mont Ventoux – Les Alazards 🥾

Pour faire l'ascension du mont Ventoux, le « géant de Provence » haut de 1 907 m, randonnez pendant deux jours au départ de la croix du Charbonnier, près du hameau des Alazards entre Malaucène et Beaumont-du-Ventoux. En 3h, montez entre forêt et éboulis à la station de ski du mont Serein. Dormez au chalet Liotard pour repartir avant l'aube, équipé de lampes frontales et de vêtements chauds. Objectif : atteindre le sommet du mont Ventoux en 2h, avant le lever du soleil, via de nombreux lacets. Au retour, suivez la ligne de crête, puis le GR9 dans les pierriers, sur un plateau, puis un col, avant de descendre vers la croix du Charbonnier.

Jour 7

Les Alazards – Sault – Monieux – Gorges de la Nesque – Monieux 🥾

Près de Sault, une boucle de 3h surplombe les gorges creusées dans le calcaire sur 8,5 km. Le sentier descend ensuite abruptement à la rivière que vous franchirez à gué. Après la chapelle Saint-Michel de Monieux, une bonne ascension vous attend. Puis, redescendez au village dans un décor de champs de lavande.

Jour 8

Monieux – Rustrel – Colorado provençal – Rustrel 🥾

Au sud, le Luberon dévoile un massif de silice ocreux. Longtemps exploité en carrières, ce « Colorado provençal » se présente comme une succession de falaises, cheminées des fées et

aiguilles de couleur rouge et or. Démarrez tôt le matin (pour éviter chaleur et foule) du stationnement municipal situé entre Rustrel et Apt. Après la passerelle qui enjambe la rivière Dôa, suivez le circuit des Cheminées des fées, faites le tour du cirque, puis empruntez le sentier menant au « Sahara » (cirque de Bouvène). Après un aller-retour à la cascade, suivez les balises vertes et montez dans les bruyères. Un large chemin rejoint la rivière de Sable. Passez par le cirque Le Désert blanc avant de retrouver la Dôa.

Jour 9

Rustrel – Gordes – Monts du Vaucluse – Gordes 🥾

Près de Gordes, l'abbaye Notre-Dame de Sénanque est le point de départ des sentiers du maquis de Gordes, haut lieu de la Résistance pendant la Seconde Guerre mondiale. La boucle de 10 km (3h30) passe près du Village des Bories, une reconstitution

Colorado provençal

d'édifices en pierre sèche que des paysans ont bâtis il y a plusieurs siècles. Le sentier emprunte le GR de Pays « Tour des Monts du Vaucluse », puis transite par les gorges de la Sénancole et des abris troglodytiques.

Jours 10 et 11

Gordes – Les Taillades – Petit Luberon – Rochers de Baude – Cavaillon 🚶

Rendez-vous aux Taillades pour une balade plutôt ardue de 2h30 dans le Petit Luberon. La boucle part du village et rejoint les gorges de Badarel. Le sentier rocailleux se raidit, avec un passage sur échelle. Franchissez la brèche du Castellas pour atteindre les rochers de Baude et faufilez-vous sous l'un de ces épais bancs de calcaire érodés, des abris sous roche formés il y a 130 millions d'années! Plongez ensuite jusqu'à la source de Boulon, puis rentrez aux Taillades ou dormez à Cavaillon.

La France

27

4

Quand y aller ?
De mi-juin à début octobre, avec une préférence pour début juillet et septembre, moins chargés que le cœur de l'été. Plus tôt, les cols sont encore souvent trop enneigés. Évitez aussi la période de l'UTMB (Ultra Trail du Mont-Blanc), fin août.

Mont Blanc

9 jours

Boucle au départ des **Houches (France)**

Pour qui ? Pourquoi ?

Pour les randonneurs experts que n'effraient pas des marches au long cours présentant de forts dénivelés et qui aiment l'ambiance conviviale des refuges de montagne.

Inoubliable…

Parcourir trois pays, plus d'une semaine durant, au pied du mont Blanc.

Rester bouche bée devant les plus majestueux sommets et glaciers des Alpes.

Rencontrer les vaches d'Hérens dans les alpages, toutes clarines dehors.

Apprécier la gastronomie alpine des refuges.

L'inoubliable tour du **mont Blanc**

Les initiés parlent du TMB, le Tour du Mont-Blanc : une circumambulation dont rêvent tous les randonneurs aguerris, autour du majestueux toit de l'Europe (4 809 m). L'itinéraire, cumulant 10 000 m de dénivelé positif, traverse trois pays (France, Suisse et Italie), au fil de 168 km de sentiers de moyenne montagne, alternant entre alpages fleuris, forêts de sapins et d'*arolles* (mélèzes), sous-bois couverts de myrtilles et de fraises des bois. En vedette : onze cols, sept vallées et des panoramas sur les plus beaux sommets des Alpes et leurs glaciers. On parcourt classiquement ce circuit dans le sens inverse des aiguilles d'une montre.

Bouquetin

Une faune à découvrir

Impossible durant ce Tour du Mont-Blanc de ne pas croiser régulièrement l'adorable marmotte, dont on entend toutefois plus souvent les sifflets aigus que l'on ne voit la frimousse ronde. À l'aube et au crépuscule, en altitude, on observe parfois chamois et bouquetins en hardes, et, dans les vallées, cerfs et chevreuils. Dans les airs planent l'aigle royal et le gypaète (réintroduit dans les années 1980). Et dans les prairies d'altitude, on peut espérer surprendre le rare tétras lyre et le lagopède alpin.

Jours 1 à 3

Les Houches (France)– Les Contamines-Montjoie – Refuge de la Croix du Bonhomme – Refuge Elisabetta Soldini (Italie) 🥾

Le mont Blanc est là, écrasant la vallée de Chamonix de sa calotte blanche (4 809 m), enchâssée dans l'électrocardiogramme des Alpes : à droite, les rondeurs du dôme du Goûter (4 304 m) gouvernant aux chaos de séracs des Bossons, à gauche, la pointe effilée de l'aiguille du Midi (3 842 m) cachant la trouée de la mer de Glace, la dent du Géant (4 013 m), les crénelures des Grandes Jorasses (4 208 m)... Un spectacle incomparable. Les trois premières étapes du TMB

mènent des Houches, en aval de Chamonix, jusqu'au premier refuge italien. Passé le col de Voza et Les Contamines (jour 1), on entre vraiment dans le vif du sujet en enchaînant l'ascension des cols du Bonhomme et de la Croix du Bonhomme... en compagnie de marmottes. Puis se profile le col de la Seigne, où les contrebandiers se pressaient jadis. On entre en Italie en profitant d'une vue extraordinaire sur le mont Blanc. Le refuge Elisabetta Soldini se trouve à 2h30 de marche, dans sa vallée discrète sur laquelle veille le glacier de Tré-la-Tête.

Jours 4 et 5

Refuge Elisabetta Soldini – Courmayeur – Val Ferret italien – Refuge Elena 🥾

Le massif du Mont-Blanc présente désormais son versant sud aux contreforts raides et griffés de glaciers, dominant les amorces du grand val d'Aoste qui ondule doucement vers l'Italie ensoleillée. Il y a là les arêtes du Brouillard et de Peuterey, les élégantes aiguilles des Dames Anglaises et,

Refuge Elisabetta Soldini

L'église rose de Trient

Val Ferret suisse

La France

passé Courmayeur (point de ravitaillement), d'admirables panoramas sur les Grandes Jorasses depuis les abords du mont de la Saxe. L'itinéraire italien du TMB surplombe le val Ferret, dont les hautes parois rétrécissent peu à peu le regard, entre torrent enveloppé d'une couverture de mélèzes et parois nues aux névés pointillistes. Le cinquième jour, le refuge Elena marque la dernière étape italienne avant le passage en Suisse.

Jours 6 et 7

Refuge Elena – Val Ferret (Suisse) – Champex – Col de la Forclaz/Fenêtre d'Arpette – Trient 🚶

Le Grand col Ferret est atteint. Côté droit : des pentes douces, des alpages, des vallées dont les sillons creusent au matin des ombres marquées. Côté gauche : du granit, d'autres glaciers suspendus. Du hameau de Ferret, niché dans les sinuosités suisses du val, le TMB progresse ensuite au chant mélodieux de la Dranse de Ferret, puis remonte à travers la forêt vers l'étape de Champex. On y croise la Haute Route Chamonix-Zermatt. Suit la très classique ascension par l'alpage de Bovine jusqu'au col de la Forclaz (où passe la route), avec une vue distante sur l'encoche du Valais au fond de laquelle s'écoule le jeune Rhône. La variante par la Fenêtre d'Arpette est plus séduisante, dans l'intimité bucolique du val éponyme, puis grimpette dans les rochers et tête-à-tête descendant avec le glacier du Trient, jusqu'à retrouver, en aval, le village du même nom, posé en solitaire autour de son église rose.

Jours 8 et 9

Trient – Col de Balme (France) – Haute vallée de l'Arve – Les Houches 🚶

On entre en France par le col de la Balme pour redécouvrir d'un coup la vallée de l'Arve, dont le cours ramène doucement aux Houches. Si le Petit Balcon Sud s'infiltre au plus près de la rivière, entre grandes épilobes et buissons noirs de myrtilles, le Grand Balcon Sud progresse bien au-dessus, déroulant en cinémascope un panorama spectaculaire sur la chaîne du Mont-Blanc, tout auréolée de neiges et de glaces.

Champex

FRANCE

SUISSE

ITALIE

Sixt-Fer-à-Cheval

Lac d'Emosson

Émosson

Bovine

Volèges

Trient • Col de la Forclaz

Fenêtre d'Arpette

Col de Balme

Champex

Liddes

Argentière

Chamonix

Servoz

Passy

Les Houches

Val Ferret

Refuge Elena

Les Contamines-Montjoie

Entrèves

Courmayeur

Val Ferret

Refuge de la Croix du Bonhomme

Refuge Elisabetta Soldini

Nos conseils

Variantes

Si le Tour du Mont-Blanc emprunte un itinéraire relativement défini, de nombreuses variantes sont possibles, notamment en jouant avec les lignes de bus locales et certaines remontées mécaniques. Une bonne façon de moduler l'effort et la durée de la randonnée en fonction de ses capacités et disponibilités.

Hébergement

Les refuges sont ouverts de mi-juin à mi-septembre. En pleine saison, mieux vaut réserver sa place en raison de l'affluence; c'est même obligatoire dans certains cas. Le «sac à viande» (doublure pour sac de couchage, aussi appelé drap de sac) est exigé presque partout. Dans les villages, on trouve gîtes et hôtels.

Certaines agences spécialisées proposent le TMB tout inclus, ou permettent de réserver seulement les nuits en refuge. Les groupes partant le samedi ou le dimanche, mieux vaut décaler son départ en semaine.

Pour se renseigner et réserver son hébergement

www.autourdumontblanc.com
www.montourdumontblanc.com

S'orienter

Procurez-vous le *TopoGuide Tour du Mont-Blanc*, que publie la Fédération Française de la Randonnée Pédestre, et la carte IGN *Tour du Mont-Blanc* au 1/50 000e.

France, Italie, Suisse

Quand y aller ?
De mi-juin à fin août ou mi-septembre pour le parcours estival, de mi-mars à début mai environ (période d'ouverture des refuges) pour les amateurs de ski de randonnée.

Dans les environs de Zermatt

La France

7 jours

De **Chamonix (France)** à **Zermatt (Suisse)**

Pour qui ? Pourquoi ?

Pour les randonneurs aguerris en bonne condition physique et ayant des notions d'alpinisme, compte tenu des dénivelés, des déclivités et des traversées de glaciers impliquées.

Inoubliable…

- *Se colleter avec un itinéraire légendaire.*
- *Se laisser éblouir par les plus hauts et plus emblématiques sommets des Alpes.*
- *Traverser certains de ses plus beaux glaciers, crampons aux pieds.*
- *Passer la nuit dans la chaleureuse convivialité des refuges alpins.*

La Haute Route **Chamonix-Zermatt,** plus belle randonnée glaciaire des Alpes

L'itinéraire est mythique. Reliant les deux capitales de l'alpinisme, entre mont Blanc (4 809 m) et mont Cervin (4 478 m), il se déroule le plus souvent en haute altitude. On chemine ici de refuge en refuge, de col en col, de glacier en glacier, le regard rivé sur les plus beaux sommets des Alpes. Au cœur de l'attention se dressent les sommets phares du Valais, tutoyant 4 000 m : le Grand Combin, le Pigne d'Arolla, la dent Blanche, la dent d'Hérens. Quelle que soit la variante empruntée, la Haute Route est assurément aérienne, vertigineuse par moments et exigeante techniquement (guide de haute montagne obligatoire).

Col d'Orny

Barrage de Mauvoisin

Refuge Albert Ier

Jour 1

Chamonix (France) –
Le Tour –
Refuge Albert Ier 🥾

Si certains partent de Chamonix même, s'élevant d'abord doucement dans la vallée, bercés par les flots joueurs de l'Arve, plusieurs se rendent directement au village du Tour. Par le col de Balme et le flanc gauche du glacier du Tour, le refuge Albert Ier, planté à 2 702 m au pied de l'aiguille du Tour (3 540 m), n'est guère qu'à 2h30 de marche.

Jour 2

Refuge Albert Ier –
Col du Tour – Champex
(Suisse) 🥾

Il est temps d'entrer dans le vif du sujet. Chausser les crampons, (ré)apprivoiser

la matière. Glace et crevasses, pierriers roulant sous les pas et névés pavent le chemin jusqu'au col du Tour, d'où se révèlent les immensités blanches du plateau du Trient, lieu de naissance du glacier éponyme. Voilà la Suisse. Direction le col d'Orny, sa cabane, puis le télésiège de La Breya qui permet de descendre, en trichant un peu, jusqu'au village de Champex.

Jours 3 et 4

Champex – Barrage
de Mauvoisin –
Cabane des Dix/
Cabane des Vignettes 🥾

Le nom est un peu trompeur, la Haute Route a un point bas – ou plutôt deux, val d'Entremont et val de Bagnes, parallèles, où s'infiltrent les routes… De nombreux randonneurs optent

ici pour un transfert en taxi jusqu'au barrage de Mauvoisin (1 975 m), posé en surplomb. Ensuite, plusieurs options s'offrent. La plus facile : gagner la cabane de Chanrion en longeant le lac de retenue, puis remonter les 10 km du glacier d'Otemma jusqu'à la solide cabane des Vignettes (3 160 m), arrimée aux abords du Pigne d'Arolla (3 790 m). La plus costaude : ajouter une étape via la Cabane des Dix (2 928 m), au prix de deux ascensions de cols ardues, mais aussi de panoramas imprenables sur le massif des Combins et le triangle isocèle parfait du mont Blanc de Cheilon (3 870 m). La plus évocatrice : traverser le glacier de Giétro, qu'on atteint par des échelles et un sentier par endroits presque vertical, équipé de câbles! Puis, le lendemain, rejoindre la cabane des Vignettes en 8h de marche par le Pas de Chèvre et ses (autres) échelles.

Glacier du Stockji

La Haute Route en ski de randonnée près de Verbier

La Haute Route en ski de randonnée

Certains la parcourent dans son intégralité depuis Chamonix, d'autres sur sa seule section suisse, entre les stations de Verbier et Zermatt, une belle aventure de quatre ou cinq jours, techniquement un peu plus facile et réunissant néanmoins pléthore de paysages extraordinaires. Au menu, montées à peaux de phoques (parfois longues!), descentes dans la poudreuse, passages en cordée et en crampons, le tout sous la conduite d'un guide. Sans oublier une multitude de panoramas tous plus imprenables les uns que les autres.

Jour 5

Cabane des Vignettes – Col de l'Évêque – Cabane de Bertol 🥾

La longue montée au col de l'Évêque, sur la frontière italienne, précède la traversée du Haut glacier d'Arolla, toujours crampons aux pieds. Un chemin resurgit, menant à la vieille cabane des Plans de Bertol, qui veille sur le val d'Arolla et ses alpages fleuris, où les vaches d'Hérens broutent dans l'écho des clarines. Il faut ensuite affronter les presque 800 m de dénivelé conduisant jusqu'à la cabane de Bertol, spectaculairement arrimée à 3 311 m au flanc d'un nid d'aigle accessible par de longues échelles incommodes. En toile de fond : le Cervin.

Jour 6

Cabane de Bertol – Tête Blanche – Cabane de Schönbiel 🥾

Le panorama est incroyable. Première escale de choix, le belvédère de la montagne Tête Blanche (3 710 m), à la frontière italienne, offre d'un coup une vue incroyable sur la bien nommée dent Blanche (4 357 m), la dent d'Hérens (4 174 m) et la dent de requin du Cervin (4 478 m) juste derrière. La descente sur leurs flancs nord, dans le labyrinthe crevassé du glacier du Stockji, précède quelques passages encordés et la remontée jusqu'à la cabane de Schönbiel. Ce soir, on parle l'allemand.

Jour 7

Cabane de Schönbiel – Zermatt 🥾

Il ne reste qu'à descendre, l'œil rivé sur la célèbre face nord du Cervin, qui a coûté la vie à tant d'alpinistes. Zermatt n'est pas à plaindre : nichée dans sa vallée interdite aux véhicules non électriques, la station s'entoure de 38 sommets de plus de 4 000 m. Un record des Alpes.

Zermatt, avec la face nord du Cervin au loin

France, Suisse

Nos conseils

La Haute Route peut être parcourue dans les deux sens.

Tracée au XIXe s., la Haute Route originelle, encore empruntée, passe par le val d'Entremont et les cabanes de Valsorey et de Panossière. Une option pour montagnards confirmés, qui donne l'occasion de côtoyer de près le Grand Combin (4 314 m), l'un des plus célèbres sommets du Valais. On franchit la partie basse du glacier de Corbassière, côté nord, par une longue passerelle piétonne haut perchée, longue de 190 m!

En Suisse, on ne parle pas de refuge, mais de cabane. On peut réserver sa place sur le site Web *www.sac-cas.ch*.

Pour organiser votre randonnée sur la Haute Route, contactez de préférence un voyagiste spécialisé ou les compagnies de guides de Chamonix (*www.chamonix-guides.com*) ou de Zermatt (*www.zermatters.ch*).

Pour plus d'information : *www. chamonix-zermatt.info*.

Quand y aller ?
De juin à septembre pour maximiser les chances de beau temps. Le Massif central est une région de forts contrastes météorologiques. Soyez équipé aussi bien pour le froid que pour le très chaud.

Puy de Sancy

6 jours

D'**Orcines**
à **Besse-en-Chandesse**

Pour qui ? Pourquoi ?

Un circuit nature pour les randonneurs qui apprécient la grimpette et désirent sortir des sentiers hyper fréquentés des Alpes en été.

Inoubliable...

Découvrir l'histoire géologique de cette région façonnée par ses volcans.

Parcourir des paysages de dômes, de cratères et de hauts plateaux sauvages.

Randonner jusqu'au puy de Sancy, le point culminant de l'Auvergne, à 1 886 m d'altitude.

La grande traversée des
volcans d'Auvergne

Cet itinéraire vous convie à une traversée intégrale du Parc naturel régional des Volcans d'Auvergne, au cœur du Massif central. Gravissez d'impressionnants puys aux cinquante nuances de vert, atteignez plusieurs lacs de cratère et foulez de hauts plateaux sauvages pendant une courte semaine de randonnée hors des sentiers les plus achalandés de l'Europe. Et puisqu'un séjour au cœur de la France serait incomplet sans un volet gastronomique, laissez-vous réconforter par la truffade, l'aligot ou encore, la potée auvergnate, à déguster à la table des gîtes d'étape chaque soir.

Lac de Servières

Terre de volcans, de pierre et d'eau

Étroitement lié à la tectonique des plaques ayant formé l'Europe occidentale actuelle, le volcanisme est actif depuis 65 millions d'années dans le Massif central. Le Parc naturel régional des Volcans d'Auvergne compte ainsi quatre massifs et plateaux volcaniques : le massif du Cantal (le plus vieux géologiquement parlant, datant de 13 millions d'années), le massif du Sancy, le massif Cézallier et la chaîne des Puys (le plus jeune, âgé de 95 000 à 7 000 ans), aussi appelée monts Dôme, dont les éruptions successives ont façonné l'exceptionnelle diversité de reliefs de la région.

Véritable musée géologique à ciel ouvert, l'Auvergne regorge de couleurs, de textures et de pierres issues de la lave et du magma, que l'on retrouve sur le sol des villages et les façades des maisons historiques. Sans oublier les très nombreuses sources d'eaux minérales volcaniques qui lui ont valu le surnom de « Château d'eau de la France ».

La France

Jour 1
Orcines – Laschamps 🚶
Départ de bon matin pour une montée graduelle vers deux symboles majeurs du Massif central : le puy de Pariou, dont le cratère photogénique illustre les bouteilles d'eau minérale Volvic, et le puy de Dôme, un volcan endormi de 1 465 m d'altitude au sommet duquel on admire, par temps clair, toute la chaîne des Puys, soit 80 volcans qui s'alignent sur plus de 40 km. La descente s'effectue par l'ancien chemin muletier et le col de Ceyssat en direction du village de Laschamps, une étape de charme pour cette première nuit.

Jour 2
Laschamps – Lac de Servières 🚶
Une agréable journée au cœur de la chaîne des Puys sur un sentier qui rejoint les puys jumeaux de la Vache et de Lassolas par une crête de terre rougeâtre singulière. L'itinéraire se poursuit par le puy de l'Enfer vers le magnifique lac de cratère de Servières, au cœur d'une nature intouchée. La nuit peut se passer au gîte éponyme, à 1 200 m d'altitude, qui accueille les randonneurs dans l'esprit des auberges auvergnates d'autrefois.

Jour 3
Lac de Servières – Mont-Dore 🚶
Plusieurs ascensions de puys et de cols sont au programme pour atteindre le plateau

Mont-Dore

La France

du Guéry et son lac d'altitude, le plus haut d'Auvergne, à 1 245 m. Véritable paysage de carte postale, le plateau verdoyant, au milieu duquel passe le sentier, est couronné de puys sur les versants desquels paissent des troupeaux de vaches. La fin de la journée se passe en direction du puy Gros, un superbe point d'observation sur le massif du Sancy et la vallée glaciaire du Mont-Dore, où se trouve le prochain gîte d'étape.

Jour 4

Boucle du sentier des cascades et des crêtes du puy de l'Angle 🚶

Minérale et végétale, la boucle d'aujourd'hui constitue l'une des plus belles randonnées du puy de Dôme. Elle commence par la découverte de trois cascades : la grande Cascade (30 m de hauteur), la plus haute d'Auvergne, la cascade du Rossignolet et celle du Queureuilh, à admirer en hauteur ou de leur base. Le sentier s'élève ensuite vers un fabuleux parcours de crêtes volcaniques sur les puys de l'Angle, de Barbier, de la Monne et de la Tache. Le massif du Sancy y dévoile toute sa splendeur.

Jour 5

Mont-Dore – Chareire 🚶

Objectif de la journée : atteindre le sommet du puy de Sancy, point culminant du Massif central perché à 1 886 m d'altitude. Le sentier grimpe progressivement avec des étapes par le pic du Capucin et les sommets du puy de Cliergue et de la

Tour Carrée avant d'atteindre la crête du Sancy. De la table d'orientation installée au sommet, le regard domine l'ensemble du Massif central, et porte même jusqu'aux monts du Limousin, des Cévennes et de l'Aveyron au loin.

Jour 6

Chareire – Besse-en-Chandesse 🚶

Une dernière étape relativement courte pour contourner le massif du Sancy par sa base avant de rejoindre le village de Besse-en-Chandesse. Cité historique de caractère, construite sur une ancienne coulée de lave et nichée à 1 000 m d'altitude, elle se laisse explorer à travers ses ruelles pavées, encadrées de maisons médiévales très bien conservées.

Puy Mary

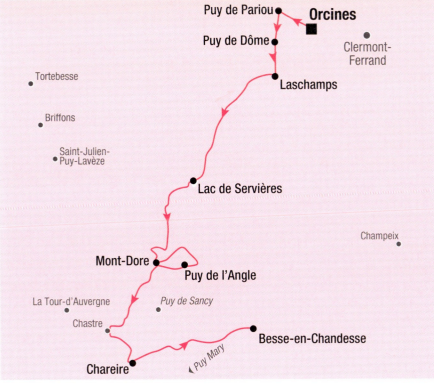

Nos conseils

Où dormir?

De nombreux gîtes d'étape jalonnent les sentiers du Massif central. Ils sont le plus souvent très confortables et permettent de goûter à la gastronomie locale. Pensez à réserver le plus tôt possible.

Au-delà de la randonnée pédestre

Envie de varier les plaisirs? Sachez que le Massif central est un terrain propice aux randonnées à vélo (le vélo électrique y est très populaire) et à cheval. Les plus sportifs peuvent également faire de beaux parcours de course en sentier, par exemple autour du puy Mary.

7

Quand y aller ?
Le sentier GR34 est praticable toute l'année, mais le climat breton est plus clément d'avril à octobre.

Mont-Saint-Michel

La France

🧭 **108 jours**

🧭 Du **Mont-Saint-Michel** à **Saint-Nazaire**

Pour qui ? Pourquoi ?

🧭 *Pour les randonneurs à la recherche d'un itinéraire de longue durée, accessible et simple à organiser. Pour s'enivrer d'embruns tout en découvrant la richesse et l'histoire d'une des plus belles régions françaises.*

Inoubliable…

🧭 *Entreprendre ce périple au mythique Mont-Saint-Michel.*

🧭 *Se sentir au bout du monde à la pointe du Raz.*

🧭 *Vivre l'histoire à chaque coin de rue à Saint-Malo.*

🧭 *Admirer les menhirs de Carnac.*

🧭 *Savourer le sentiment d'avoir accompli une formidable aventure.*

Les **côtes bretonnes** au long cours

Avec 2 000 km de sentiers qui traversent six départements traversés et plus de trois mois de marche, le GR34 mérite son titre de chemin de grande randonnée, voire très grande. Ce formidable tracé suit les contours de tout le littoral breton et offre constamment un majestueux panorama maritime. Hautes falaises, plages léchées d'eau turquoise, ports de pêche dignes de cartes postales, villes fortifiées et villages typiques : le meilleur de la Bretagne se dévoile à chaque pas. Une aventure entre terre et mer qui restera gravée dans la mémoire des amateurs d'histoire, des amants de la nature et des marcheurs au long cours.

Saint-Malo

Vannes

Pointe du Raz

Jours 1 à 19

Mont-Saint-Michel – Cancale – Saint-Malo ⛴ (10 min) Dinard – Cap Fréhel – Paimpol 🚶

Les rues escarpées du Mont-Saint-Michel permettent de se mettre en jambe tout en visitant ce site majestueux inscrit au patrimoine mondial de l'UNESCO. De retour sur le continent, la véritable marche débute. Le sentier vous conduira d'abord à Cancale, dont les huîtres sont renommées. La prochaine étape est la splendide ville de Saint-Malo, une ancienne cité corsaire entourée de remparts. Prenez le traversier qui fait la liaison avec Dinard, une chic station balnéaire. Ensuite, le sommet des falaises de grès rose du cap Fréhel offre une des plus belles vues de la côte d'Émeraude, qui porte jusqu'à Paimpol par temps clair.

Jours 20 à 40

Paimpol – Morlaix – Guissény 🚶

Après vous êtes promené dans le joli port de Paimpol, ne manquez pas d'aller faire un tour sur l'île de Bréhat, où fleurs et plantes abondent. Vous longerez ensuite la célèbre côte de Granit Rose, dont les couleurs et les formes des rochers ralentiront l'allure des photographes. Passé Morlaix, une ville remplie d'histoire, vous emprunterez l'un des plus beaux tronçons du GR34 : alors que vous longez des plages de rêve, votre horizon se parsème d'îles invitantes, dont l'île Callot, accessible à pied lors de la marée basse.

Jours 41 à 61

Guissény – Brest – Presqu'île de Crozon – Douarnenez 🚶

La côte des Abers, des bras de mer qui obligent à faire de longs détours à l'intérieur des terres, est une excellente introduction au caractère sauvage de la côte du Finistère. Sur cette «fin de la terre», souvent fouettée par le vent et les vagues, les phares s'alignent telles des sentinelles. Les amateurs d'insularité prendront un bateau pour visiter l'île d'Ouessant, isolée en plein océan. Au sud de Brest, vous arriverez sur la presqu'île de Crozon, où vous découvrirez les falaises spectaculaires de la pointe de Pen-Hir et la richesse patrimoniale de Camaret-sur-Mer.

La France

Sentier des Douaniers

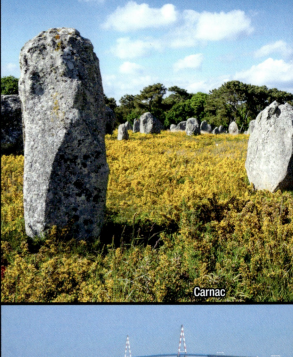

Carnac

Saint-Nazaire

La France

Le sentier des Douaniers

Le GR34 a pour origine un sentier côtier tracé en 1791 pour permettre aux douaniers d'enrayer l'activité des contrebandiers qui cherchaient à importer des marchandises en France sans s'acquitter des taxes. Ces fonctionnaires patrouillaient donc le littoral, de jour comme de nuit, bien avant les randonneurs. Cette méthode de surveillance prit fin au début du XXᵉ s. et la nature effaça peu à peu le sentier. Son tracé fut revitalisé en 1968 pour devenir le sentier de grande randonnée (GR) que l'on connaît maintenant. Durant votre longue marche, vous pourrez observer quelques vestiges, maisons de douaniers et tours de guet, qui témoignent de cette première vocation.

les célèbres alignements de menhirs et dolmens de Carnac, avant d'arriver dans la charmante petite ville d'Auray.

Jours 62 à 74

Douarnenez – Pointe du Raz – Pont-Labbé – Concarneau 🚶

Après vous êtes laissé charmer par Douarnenez et son port de plaisance, mettez le cap vers la pointe du Raz, l'extrémité occidentale de votre parcours et du pays. Vous entrerez ensuite dans le Pays bigouden, dont la capitale est Pont-Labbé, où les traditions bretonnes restent bien ancrées. Faites une halte à Concarneau et sa Ville close, une presqu'île fortifiée amarrée au cœur du port.

Jours 75 à 88

Concarneau – Lorient – Quiberon – Carnac – Auray 🚶

Passé la ville portuaire de Lorient, le sentier quitte momentanément la côte. Cela vous donnera l'occasion de faire le tour de la bucolique ria d'Étel avant de retrouver l'océan qui entoure la presqu'île de Quiberon et les falaises de sa côte sauvage. À Quiberon, des traversiers voguent vers **Belle-Île-en-Mer** (voir p. 44). Vous apprécierez que les eaux qui baignent la côte sud de la Bretagne soient relativement plus chaudes (ou moins fraîches) qu'au nord. Vous longerez ensuite

Jours 89 à 108

Auray – Vannes – Saint-Nazaire 🚶

Véritable mer intérieure, le golfe du Morbihan constitue l'attrait phare de cette ultime section. Au détour de criques et de forêts de pins se dévoile un paysage parsemé d'îles et d'îlots entre lesquels voguent des bateaux de pêche et de plaisance. La cité médiévale de Vannes mérite une escale prolongée. Profitez des derniers jours de marche pour faire durer le plaisir en vous prélassant sur les grandes plages de la Loire-Atlantique et en dégustant des huîtres locales. C'est au pied du pont de Saint-Nazaire que s'achève cette longue marche.

Côte de Granit Rose

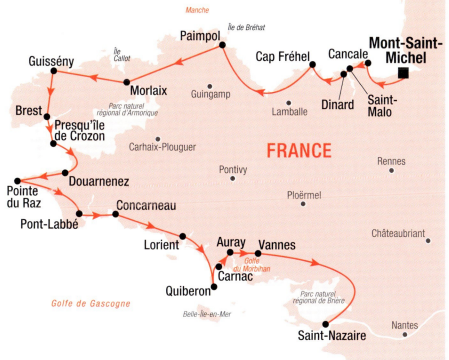

Nos conseils

Se préparer

Une telle randonnée nécessite une préparation physique et une certaine planification. Selon le type d'hébergement privilégié (gîte ou camping), vous devrez gérer des réservations ou porter un sac plus lourd. Des entreprises proposent leurs services tout au long du sentier pour le transport des bagages et la gestion de la logistique. Retenez aussi que cette longue randonnée se fractionne aisément en plusieurs marches, l'accès aux transports publics étant fréquent au cours du trajet.

Se reposer

Vous marcherez en moyenne 20 km/jour, ce qui reste très raisonnable pour les randonneurs avertis, mais trois mois d'efforts constants peuvent affecter votre organisme. Écoutez votre corps et prenez des jours de repos, d'autant plus que les étapes charmantes où se poser ne manquent pas.

La France

Pointe des Poulains

La France

Quand y aller?

D'avril à octobre, les températures sont agréables et tous les lieux d'hébergement sont ouverts. En été et lors des congés français, l'affluence peut être forte, tant sur les sentiers que dans les villages.

4 jours

Boucle au départ de Le Palais

Pour qui ? Pourquoi ?

Pour les marcheurs qui désirent combiner randonnée à découvertes touristiques et épicuriennes. Pour profiter de paysages fascinants et d'infrastructures pratiques permettant de marcher en toute liberté.

Inoubliable…

- *Longer les impressionnantes falaises de la côte sauvage.*
- *Admirer les aiguilles de Port-Coton, immortalisées par le peintre Claude Monet.*
- *Se rafraîchir dans les eaux turquoise de la plage d'Herlin.*
- *Déguster des crêpes bretonnes sur les quais du port de Sauzon.*

Le tour de Belle-Île-en-Mer

Le sentier côtier GR340 permet de faire le tour de Belle-Île-en-Mer, communément appelée Belle-Île, la plus grande des îles bretonnes. Cette formidable randonnée de 85 km longe les sommets de falaises escarpées, foule le sable de plages baignées d'eau limpide et traverse des villages typiques aux maisons colorées. En plus de ses paysages naturels variés, dont la palette va de l'époustouflant au bucolique, Belle-Île réserve des découvertes culturelles et historiques, entre autres l'impressionnante citadelle Vauban qui surplombe le port du Palais. Et les épicuriens apprécieront les crêperies et les restaurants de fruits de mer, des haltes idéales pour recharger les batteries.

Aiguilles de Port-Coton

Nos conseils

Hébergement

Des options pour tous les budgets sont offertes. Les plus pratiques et économiques sont les gîtes communaux, stratégiquement situés aux étapes conseillées d'une randonnée itinérante. Grâce aux transports publics, il est aussi envisageable d'effectuer cette randonnée en étoile, en séjournant au Palais. Dans tous les cas, les réservations sont nécessaires en haute saison et lors des périodes de vacances.

Durée du séjour

Prévoyez quelques jours supplémentaires pour savourer les beautés et la douceur de Belle-Île.

Sur le GR40

Jour 1

Le Palais – Sauzon – Pointe des Poulains – Sauzon 🥾

Dès les premiers pas en dehors du bourg, le sentier révèle des paysages majestueux, avec des criques encaissées au bas de falaises. Le joli village de Sauzon est une étape pratique. Posez-y votre sac et poursuivez la marche jusqu'à la pointe des Poulains, où vous pourrez visiter le fort qui fut la résidence de l'actrice Sarah Bernhardt.

Jour 2

Sauzon – Port-Coton – Bangor 🥾

Une longue journée de marche (30 km), qui vous mènera sur les falaises dénudées de la côte sauvage jusqu'aux aiguilles de Port-Coton. Faites une pause méritée devant ces roches dentelées fouettées par les vagues, puis rejoignez le village de Bangor pour la nuit.

Jour 3

Bangor – Herlin – Locmaria 🥾

La côte sud de l'île réserve le plus fort dénivelé de la randonnée, le sentier passant constamment du haut des falaises au niveau de la mer. De superbes plages, dont celle d'Herlin, permettent de se rafraîchir en route.

Jour 4

Locmaria – Le Palais 🥾

Le dernier tronçon traverse des forêts et de longues plages avant de retourner progressivement vers le secteur plus urbain de l'île. Vous finirez votre randonnée en haut des remparts qui entourent Le Palais, une charmante petite ville à visiter impérativement avant de reprendre le bateau vers le continent.

Pointe des Poulains
Sauzon
Le Palais
Belle-Île-en-Mer (FRANCE)
Bangor
Port-Coton
Herlin
Locmaria

Golfe de Gascogne

La France

12 jours

De **Bavella** à **Bonifatu**

Plateau du Camputile

La France

Pour qui ? Pourquoi ?

L'un des treks les plus beaux et difficiles de l'Europe, réservé aux marcheurs aguerris qui n'ont pas peur des longues journées de randonnée, des passages aériens techniques et des nuits rustiques en dortoir ou en camping.

Inoubliable…

Profiter d'une vue simultanée, depuis les crêtes centrales de l'île, sur les deux mers, Méditerranéenne et Tyrrhénienne, dans lesquelles baigne la Corse.

Affronter l'étape exigeante du Monte Cinto (2 706 m), le point culminant de l'île, et entreprendre son ascension lorsque la météo le permet.

Déguster les repas corses servis le soir à la table des refuges d'étapes, le plus souvent d'anciennes bergeries.

Corse : le mythique GR20 à travers l'île de Beauté

Certainement le sentier de Grande Randonnée (GR) le plus connu et réputé de la France, le GR20 fascine par la beauté et la difficulté de son parcours. Des hauteurs de Porto-Vecchio, dans le sud-est de la Corse, jusqu'à la plaine de Calvi, au nord-ouest, son tracé court sur le dos des montagnes de l'île de Beauté en une diagonale exigeante pour les mollets des randonneurs. Mais rassurez-vous, les efforts seront largement récompensés par la magie des paysages et le réconfort des spécialités culinaires corses, à apprécier lors des étapes quotidiennes dans les refuges d'altitude. *Bembinuta in Corsica* (Bienvenue en Corse)!

Refuge Usciolu

Bavella

Jours 1 et 2

Bavella – Refuge Usciolu 🥾

Départ en force sur l'étape des aiguilles de Bavella, l'un des attraits naturels les plus splendides du sud de la Corse. Premiers passages aériens (avec une chaîne en métal) pour franchir le col de Bocca di u Pargulu et quelques sections raides. On alterne ensuite pendant deux jours entre tourbières, moyenne montagne verdoyante et crêtes rocheuses à 1 800 m d'altitude, avec vue sur la mer Tyrrhénienne, jusqu'au refuge d'Usciolu.

Jours 3 à 5

Refuge Usciolu – Col de Vizzavona 🥾

Journées de mise en jambe alternant entre somptueuses forêts de hêtres, de pins lari-cios et d'autres variétés d'arbres corses et *pianu* (hauts plateaux) d'alpage tapissés de thym citronné. Un court détour est possible pour explorer les «pozzines», de grands espaces gazonnés creusés par des cours d'eau souterrains créant des paysages magiques. Étape au col de Vizzavona.

Jours 6 et 7

Col de Vizzavona – Plateau du Camputile 🥾

On quitte la partie verdoyante de la partie sud du GR20 pour grimper peu à peu sur le massif minéral et culminant de la Corse septentrionale. Les journées enchaînent les passages le long de cascades aux eaux transparentes et sur de hauts alpages ponctués de bergeries encore occupées pendant les estives. Voilà l'occasion de s'arrêter sur le plateau du Camputile pour discuter avec les gardiens de troupeaux de chèvres et de vaches, et de goûter à leurs fromages on ne peut plus «corsés».

Jour 8

Plateau du Camputile – Lac de Nino – Col de Vergio 🥾

L'étape du lac de Nino reste l'une des plus mémorables du parcours du GR20 pour de nombreux randonneurs. Dans un décor infi-niment rocheux, ce plan d'eau si paisible, autour duquel paissent de nombreux chevaux que les bergers laissent en liberté, mérite une pause de plusieurs minutes de contemplation avant d'atteindre le col de Vergio.

Lac de Nino

La descente vers Bonifatu

La charcuterie corse, carburant du GR20

Lonzu, *coppa*, *figatellu* et autres saucissons aux noms corses agrémenteront vos repas tout au long de votre périple. Préparée avec la chair de cochons insulaires nourris aux châtaignes, aux glands et aux plantes du maquis, cette charcuterie artisanale régale les randonneurs en manque de gras et de protéines. On peut en faire le plein au marché avant le début de la randonnée, ou en acheter à quelques occasions dans les refuges et bergeries croisés en chemin.

La France

Jours 9 et 10

Col de Vergio – Vallée du Golo – Vallée du Mélarie 🚶

On multiplie les traversées de cols à près de 2 000 m d'altitude, les passages munis de chaînes en métal pour franchir des dalles rocheuses abruptes, et les baignades dans des lacs d'altitude rafraîchissants. Les journées de marche, de près de 15 km avec entre 1 200 et 1 700 m de dénivelé, présentent la même routine pour le corps mais ne se ressemblent jamais. Chaque arrêt collation ou pique-nique assure un point de vue unique sur la nature corse, comme c'est le cas dans la vallée glaciaire du Golo. Terminez cette étape dans la vallée du Mélarie.

Jour 11

Vallée du Mélarie – Refuge d'Asco Stagnu 🚶

Étape mythique du GR20, le passage de la pointe des Éboulis (à 2 604 m d'altitude) marque le point culminant de cette randonnée de légende dans le massif du Cinto. De loin la journée la plus exigeante autant

Monte Cinto

Nos conseils

Sud? Nord? Intégral? Dans quel sens?

Il existe de nombreuses options pour entreprendre le GR20. La traversée intégrale prend de 10 à 14 jours en fonction des circuits choisis. Il est recommandé de commencer par la section sud (la plus facile, à faire en cinq à sept jours) pour se mettre en jambe et de grimper progressivement jusqu'à la section nord (plus difficile et aérienne, qui se fait également en cinq à sept jours).

Avec ou sans confort

Il existe également différents niveaux de confort sur le GR20. On peut choisir de partir en autonomie avec sa tente (emplacements à réserver, car le camping sauvage est interdit dans le Parc naturel régional de Corse), d'en louer une auprès des refuges, ou de dormir en dortoir. On peut aussi choisir de transporter et de préparer sa nourriture, ou encore de payer pour un repas chaud en refuge. D'autre part, on peut faire appel à un guide et au service de portage des bagages.

La préparation

La manière dont vous envisagez de réaliser le GR20 conditionnera votre degré de préparation et d'entraînement. Dans tous les cas, il ne faut pas prendre ce trek à la légère et seuls les randonneurs en forme apprécieront leur expérience. Il faut également être préparé et équipé pour tous les caprices de la météo, si changeante en milieu montagnard.

physiquement que moralement, avec de nombreuses sections de roches instables. Comptez deux heures aller-retour supplémentaires pour faire l'ascension du sommet du Monte Cinto (à 2 706 m), si la météo est clémente. Longue descente jusqu'au refuge d'Asco Stagnu.

Jour 12

Refuge d'Asco Stagnu – Bonifatu 🚶

Dernière chance de profiter des somptueux paysages du massif corse lors d'un passage de col à plus de 2 000 m d'altitude. Puis, la vue sur la baie de Calvi se dévoile et donne déjà envie aux randonneurs d'y plonger leurs pieds fatigués. Longue descente jusqu'à Bonifatu à travers un canyon que traverse la passerelle de Spasimata.

Mer Méditerranée

Bastia
Calvi
Mer Tyrrhénienne
Vallée du Mélarie
Bonifatu
Vallée du Golo
Refuge d'Asco Stagnu
Col de Vergio
Lac de Nino
Plateau du Camputile
Col de Vizzavona
Ajaccio
Refuge Usciolu
Col de Bocca di u Pargulu
■ **Bavella**
Corse
(FRANCE) Porto Vecchio

Bonifacio

Mer Méditerranée

Quand y aller?
Le Mare e Monti est praticable toute l'année. On conseille toutefois la belle saison, sans pour autant se lancer dans l'aventure lors des mois caniculaires (juillet et août) de l'été.

 9 jours

 De **Calenzana** à **Cargèse**

Pour qui ? Pourquoi ?

 Un itinéraire plus accessible et confortable que le GR20 (voir p. 46) pour les randonneurs qui veulent marcher cinq à six heures par jour puis profiter de leur soirée dans un des villages.

Inoubliable…

 Se baigner dans les eaux chaudes de la rivière Fango.

 Parcourir le sentier en balcon qui surplombe la mer autour de Girolata.

 Rencontrer les Corses des adorables villages côtiers de l'île.

À travers le maquis corse sur le **Mare e Monti**

À travers les plus beaux paysages du Parc naturel régional de Corse, le Mare e Monti vous fera randonner, comme son nom l'indique, entre mer et montagnes dans le maquis méditerranéen. Moins sportif et moins fréquenté que le GR20 voisin, son réseau de sentiers pédestres serpente de Calenzana, près de Calvi, à Cargèse, à proximité d'Ajaccio, en passant par de superbes villages de pêcheurs, certains accessibles uniquement à pied. Régalez-vous des plus belles vues sur l'île de Beauté depuis des sites exceptionnels en surplomb de la mer.

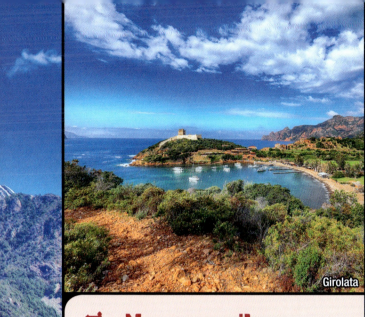

Girolata

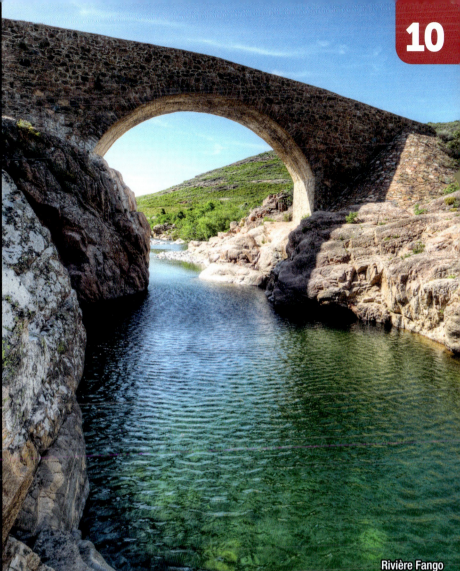

Rivière Fango

 Nos conseils

Choisir son parcours

Il existe de nombreuses versions du Mare e Monti. On peut entreprendre sa traversée complète en 10 jours ou bien seulement son tracé nord (le plus populaire, proposé ici) en 8 ou 9 jours, ou encore ses plus beaux tronçons à la journée.

S'héberger

Tracé de village en village, le parcours du Mare e Monti permet des étapes nocturnes selon le goût des randonneurs, plus rustiques en gîte ou plus confortables en hôtel. À vous de choisir.

Jours 1 à 3

Calenzana – Galéria 🚶

Laissez derrière vous le somptueux golfe de Calvi pour tourner le regard et la pointe de vos chaussures de randonnée vers le massif du Cinto, le plus haut de la Corse, et le spectaculaire cirque de Bonifatu. Plusieurs traversées de cols vous attendent durant ces trois premières journées en altitude. Mais la baignade dans les vasques cristallines de la rivière Fango, la plus chaude de l'île, sera salvatrice.

Jours 4 à 6

Galéria – Ota 🚶

Vous partirez du petit port de pêche de Galéria pour grimper sur la crête côtière recouverte de maquis et rejoindre la crique de Girolata, uniquement accessible à pied ou en bateau. Le lendemain, vous arpenterez le sentier du Facteur qui serpente en balcon au-dessus des flots bleus. Certainement la plus belle étape du séjour!

Jours 7 à 9

Ota – Cargèse 🚶

Gorges profondes de la Spelunca, villages accrochés à la montagne et étapes de crête rythment ces trois jours de randonnée. Terminez ce périple à l'ombre des somptueuses châtaigneraies qui encadrent les derniers kilomètres de sentier pavé du Mare e Monti.

La France

Dans les environs d'Interlaken, Suisse

La Suisse et l'Europe centrale

11 **Tour des Gastlosen** et escapade gourmande en **Gruyère** 54

12 Le grand glacier d'**Aletsch** : odyssée à la rencontre d'un géant 58

13 Le **Creux-du-Van**, le Grand Canyon de Suisse 62

14 Randonnée au pays de *Heidi* et de la haute société sur la **Via Engiadina** 64

15 Incursion en Suisse « méditerranéenne » sur le **Sentier Cristallina** 68

16 Les **crêtes de Brienz** : la plus belle randonnée du monde ? 72

17 En **Pologne** à la recherche des bisons de **Białowieża** 76

18 Le tour du massif du **Dachstein** : grande nature et culture locale 78

19 Le sentier Rheinsteig : marcher l'**Allemagne** au fil du Rhin 82

20 Marcher les Alpes, de **Munich** à **Venise** 86

Quand y aller?
De début juin à mi-octobre. Ce parcours étant situé en moyenne montagne, la neige fond assez rapidement au printemps et des températures agréables peuvent se maintenir jusqu'aux premiers frimas de l'automne.

La Suisse et l'Europe centrale

5 jours

De **Moléson-Village** à **Jaun**

Pour qui ? Pourquoi ?

Pour les randonneurs épicuriens curieux de découvrir la Gruyère, la région des Alpes suisses que son fromage éponyme a rendue célèbre. Pour se délecter de spécialités gastronomiques sans quitter ses chaussures de marche.

Inoubliable…

Perdre le regard dans le somptueux paysage alpin depuis le sommet du Moléson.

Fouler les pavés du village médiéval de Gruyères.

Admirer la lumière du couchant qui illumine le massif des Gastlosen.

Savourer une authentique fondue au gruyère sur la terrasse d'une buvette d'alpage.

Tour des Gastlosen et escapade gourmande en Gruyère

Cet itinéraire vous mène dans une région suisse réputée pour ses traditions et ses bons produits. Au cœur du massif des Préalpes fribourgeoises, vous partirez à la conquête de l'imposant pic pyramidal du Moléson (2 002 m), le véritable totem de la Gruyère. Vous visiterez le magnifique village médiéval de Gruyères et découvrirez une authentique fabrique de chocolat suisse et la ville de Bulle, la dynamique capitale régionale. Vous rejoindrez ensuite la charmante station thermale de Charmey et le ravissant village de Jaun, avec ses petits chalets construits à flanc de coteaux. Enfin, vous vous attaquerez au Gastlosen, ce remarquable massif à la fameuse cavité qui, selon l'angle du rayonnement solaire, laisse passer un faisceau lumineux éclatant.

Sommet du Moléson

Gruyère suisse

Le gruyère, la Gruyère et Gruyères

Récapitulation : il y a le gruyère, le fromage suisse sans trous, contrairement à son homonyme français, le village de Gruyères et la région de la Gruyère. Reconnu par une appellation d'origine protégée (AOP), le célèbre fromage est produit dans la région qui porte son nom depuis 1115. Il est fabriqué uniquement avec du lait cru de vaches nourries de fourrage naturel. La production d'une meule nécessite 400 litres de lait et son affinage dure jusqu'à 18 mois.

Jour 1

Moléson-Village – Le Moléson 🥾

Il est rassurant pour un Gruérien de toujours avoir sa montagne en vue. Ce sommet des Préalpes fribourgeoises semble surgir du paysage. Important domaine skiable en hiver, le sommet se transforme en terrain de jeux pour randonneurs et amoureux de la nature en été. Un funiculaire lie Moléson-Village (1 110 m) à la station intermédiaire de Plan-Francey (1 520 m). De là, un téléphérique permet d'accéder au sommet (2 002 m). À l'arrivée : un restaurant, une aire de pique-nique et une fabuleuse terrasse avec chaises longues. L'endroit offre une vue sensationnelle sur le scintillement du lac Léman et les pics enneigés des Alpes françaises, mais aussi sur les sommets de l'Oberland bernois,

le Jura et, plus près, le superbe district de la Gruyère et son lac du même nom. De nombreux sentiers partent de la station du téléphérique, constitués de chemins de crête, mais aussi d'une descente directe à travers les alpages avec des escales bienfaisantes vers des buvettes, dont celle de Gros-Plané, où il est possible de passer la nuit dans un lit de foin avant de repartir le lendemain vers Gruyères.

Jour 2

Le Moléson – Gruyères 🥾

Il fait bon flâner dans les ruelles pittoresques de Gruyères, un village médiéval en parfait état de conservation, qui compte un impressionnant château du XIIIe s. à visiter en priorité. Vous pourrez ensuite plonger dans l'univers fantastique de l'artiste zurichois H. R.

Giger, qui a ouvert, au centre du village, son propre musée et un bar au décor macabre qui rappelle indéniablement le film *Alien* dont il a créé la célèbre créature menaçante. Le sentier qui fait le tour du village au pied des remparts permet d'explorer ce lieu exceptionnel en profitant d'une vue dégagée sur la région.

Jour 3

Gruyères – Bulle – Broc 🥾

Bienvenue à Bulle, préfecture de la Gruyère ! Même si cette petite ville dynamique et prospère ne se trouve pas sur les parcours touristiques, elle mérite un détour. Son centre historique ne manque pas de charme avec ses jolies façades colorées et son importante offre gastronomique. Un imposant château médiéval, construit au XIIIe s., vaut également

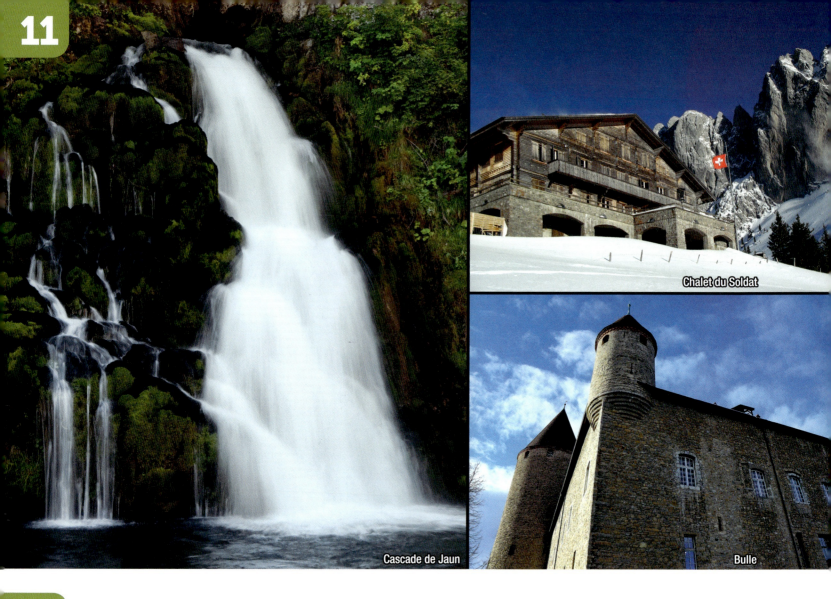

Cascade de Jaun

Chalet du Soldat

Bulle

le coup d'œil. Sa cour et son donjon monumental de 33 m de haut sont libres d'accès. Un escalier de bois extrêmement raide a été aménagé pour atteindre son sommet; à faire absolument!

À quelques kilomètres, à Broc, se trouve l'usine de chocolat Cailler, une véritable institution de la Gruyère. Aujourd'hui propriété de Nestlé, elle perpétue les recettes de chocolat traditionnelles qui ont fait sa réputation. Au terme de la visite, une dégustation gratuite est offerte à tous à volonté. Miam!

Jour 4

Broc – Charmey – Jaun 🚶

Doté du plus grand domaine skiable des Préalpes, Charmey se transforme en rendez-vous incontournable des amateurs de plein air et de randonnée dès la fonte des neiges. De plus, la station thermale des bains de la Gruyère offre une parenthèse bienfaisante après avoir crapahuté sur les sentiers.

Direction Jaun, la seule commune germanophone de la Gruyère (dont les habitants maîtrisent bien le français). Ce magnifique village de chalets, certains datant du XVIIIe s., est blotti au creux d'une vallée entourée de pics majestueux, dont les fameux Gastlosen. Les montagnes sont ponctuées d'excellentes buvettes d'alpages qui servent une goûteuse cuisine traditionnelle, composée de produits du terroir local, et proposent l'hébergement aux marcheurs. En face du village, une rivière souterraine fait jaillir une impressionnante cascade de la falaise à un débit atteignant 6 000 l/s au printemps!

Jour 5

Jaun – Tour des Gastlosen 🚶

Si plusieurs routes donnent accès au sentier, deux d'entre elles retiennent l'intérêt des marcheurs fribourgeois. La première, par le télésiège qui relie la station de ski de Jaun à Musersbergli, emmène les randonneurs directement sur le sentier, à 1 570 m d'altitude, à l'extrémité septentrionale du massif. De là, vous pouvez entamer le tour dans le sens qui vous convient.

Le deuxième accès se fait par la route, à pied ou en voiture, à partir du centre du village, en direction de la Buvette des Sattels (à 5 km de Jaun). Une fois sur son site magnifique, ne manquez pas de consulter le menu, qui n'affiche que de bonnes choses! Le trajet se poursuit en direction du Chalet du Soldat, rendez-

Massif des Gastlosen

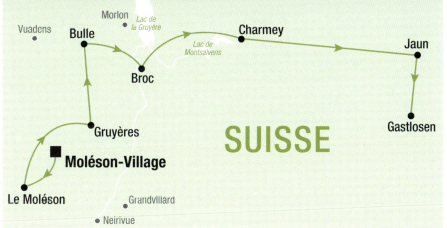

Nos conseils

Buvettes d'alpages

En Gruyère, les buvettes d'alpages sont les meilleurs endroits où déguster les spécialités régionales en randonnant. Il est préférable de réserver et de privilégier l'argent liquide pour payer la note, car le paiement par carte est souvent refusé. L'offre hôtelière est peu abondante dans la région, mais nombre de ces buvettes offrent la possibilité de passer la nuit, soit en chambre privée, soit dans un dortoir, ou encore dans un lit de foin!

Routes étroites

En voiture, il faut avoir une certaine habitude des routes d'accès montagnardes, même si leur revêtement est souvent impeccable. Certaines portions sont étroites au point où il est difficile de croiser un autre véhicule; tâchez de repérer les endroits plus larges permettant de reculer pour faciliter le passage.

Assurance assistance en montagne

Il est important de souscrire à un service d'assistance en montagne pour faire toute randonnée en territoire helvétique (voir p. 73).

Suisse

vous incontournable des marcheurs, que vous atteindrez en deux heures environ. Le chalet propose des nuitées en dortoir incluant petit déjeuner et dîner. Prenez soin de réserver bien à l'avance (impératif), car l'endroit est populaire. Le Chalet du Soldat est situé en surplomb des alpages et à proximité immédiate des falaises de la chaîne des Gastlosen.

Comptez cinq heures pour faire le tour du massif à un rythme plutôt soutenu, sur une distance d'environ 11 km. Après un passage rocailleux dans le secteur de Wolfsort au point culminant de la randonnée, à 1 921 m, vous bénéficierez d'une vue imprenable sur les nombreux sommets de plus de 4 000 m des Alpes bernoises.

Quand y aller?
*Du début juillet à la mi-octobre.
La région reçoit d'importantes
chutes de neige et les sentiers ne
redeviennent praticables qu'à la fin juin.*

Glacier d'Aletsch

6 jours

De **Bitsch** à **Ladstafel**

La Suisse et l'Europe centrale

Pour qui ? Pourquoi ?

*Pour les randonneurs endurants
capables d'encaisser au moins six
heures de marche par jour à plus
de 2 000 m d'altitude. Pour profiter
d'un paysage alpin formidable en
cheminant le long d'un glacier aux
dimensions inouïes.*

Inoubliable…

- *Rester bouche bée devant la
beauté surnaturelle du paysage
de montagnes culminant à plus de
4 000 m.*
- *Admirer la majesté du glacier
d'Aletsch.*
- *Vivre l'aventure de la traversée
des cinq passerelles suspendues
au-dessus des gorges.*
- *Profiter de la qualité des lieux
d'hébergement de haute montagne.*

Le grand glacier d'**Aletsch** : odyssée à la rencontre d'un géant

C'est en le surplombant de l'un des nombreux sentiers de crête
que l'on constate la grandeur ahurissante du glacier d'Aletsch.
Premier site alpin classé au patrimoine mondial de l'UNESCO, il se
forme à plus de 4 000 m d'altitude dans le massif de la Jungfrau, s'étend
sur 24 km et mesure 900 m d'épaisseur. Ces chiffres faramineux en font
le plus grand glacier des Alpes. C'est au cœur de ce merveilleux site
naturel que vous mène cette randonnée ayant toutes les allures d'un trek.
Flirtant avec des altitudes qui avoisinent 2 500 m sur une distance totale
de 87 km, elle s'étale sur six jours, ponctués de bivouacs et de nuitées en
refuge. Pour rendre l'expérience encore plus fascinante, elle compte pas
moins de cinq passerelles à franchir, dont certaines atteignant 280 m de
long, au-dessus de canyons vertigineux de 120 m de profondeur !

Bellwald

Pont suspendu de Belalp-Riederalp

Un glacier en danger

Une récente étude de l'École polytechnique fédérale de Zurich (EPFZ) a mis en lumière les enjeux climatiques auxquels le glacier d'Aletsch fait face. Grâce à un modèle informatique en 3D, les chercheurs ont élaboré différents scénarios d'accroissement de la température pour simuler sa fonte dans des périodes de référence réparties depuis 1960. Ils sont arrivés à la conclusion que le glacier fond de plus en plus vite. D'après ces experts, si les émissions de CO_2 actuelles se maintiennent, il disparaîtra d'ici à la fin du siècle. Seul espoir : si les cibles des accords de Paris sur le climat étaient respectées, 40% du volume actuel du glacier pourrait encore être sauvé.

Jour 1

Bitsch – Pont suspendu Massa – Geimen – Blatten – Aletschbord 🚶

L'itinéraire démarre à quelques encablures de la ville de Brigue, plus précisément à l'arrêt d'autobus de Bitsch, non loin de l'école. Vous traverserez une première passerelle, le pont suspendu Massa, qui ne présente pas de difficulté avec sa faible dénivellation. Vous arriverez à Geimen au bout d'une heure et demie. De là, le sentier devient forestier. Traversez le village de Blatten, puis partez sur la Via Alpina en direction de Belalp. Le chemin commence à monter considérablement; un passage à proximité d'Egga vous mènera à 1 600 m d'altitude. Le sentier continue à travers une forêt clairsemée qui s'estompe au fur et à mesure. Vous arriverez à l'Hôtel Belalp d'Aletschbord, une magnifique auberge de haute montagne, à 2 100 m

d'altitude, une étape de choix pour conclure cette première journée.

Jour 2

Aletschbord – Pont suspendu de Belalp-Riederalp – Riederfurka – Riederalp 🚶

Après le petit déjeuner, il est temps de repartir. L'altitude est constante pendant les premiers kilomètres, autour de 2 000 m. Petit à petit, une descente s'amorce au point de perdre 400 m de dénivelé. La traversée du pont suspendu de Belalp-Riederalp impressionne : il fait 124 m de long et s'étire à 80 m au-dessus des gorges de la Massa. Vous passerez devant le Centre Pro Natura, un service d'information à la façade à colombages et au toit cuivré, tout indiqué pour s'instruire et se sustenter. Le centre offre aussi un service de chambre d'hôtes, à

moins que vous ayez déjà fait une réservation au village de Riederalp à proximité.

Jour 3

Riederalp – Riederfurka – Hohfluh – Lac de Märjelen – Tunnel de Gletscherstube – Fiescheralp 🚶

Vous repartirez vers les hauteurs, à un peu plus de 2 300 m d'altitude, d'où les vues sur le glacier d'Aletsch sont somptueuses. Ce chemin de crête persiste sur plusieurs kilomètres jusqu'au point culminant de la randonnée, à Hohbalm (2 489 m). Tout du long, remarquez les panneaux indiquant les restaurants d'alpage. Peu avant d'emprunter le tunnel de Gletscherstube au lac de Märjelen, vous pourrez passer la nuit au refuge de Gletscherstube, à 2 367 m. Il règne

Suisse

Riederalp

Pont suspendu « Goms Bridge »

Fiescheralp

une excellente ambiance dans cette cabane de montagne qui propose un couchage sur lit superposé en demi-pension. Sinon, poursuivez jusqu'à l'étape prévue à Fiescheralp, où se trouvent plusieurs hôtels-restaurants.

Jour 4

Fiescheralp – Lac de Märjelen – Burghütte – Pont supendu Aspi-Titter – Bellwald 🚶

En route pour une quatrième journée, en direction de la partie opposée du lac Märjelen, puis de Burghütte, avec passage à proximité du refuge du même nom, à 1 750 m. Attendez-vous à frissonner en traversant la passerelle de 160 m qui franchit les gorges du torrent Weisswasser, 120 m en contrebas, et vibre sous chacun de vos pas. Le sentier prend ensuite de l'altitude jusqu'à la prochaine étape, à Bellwald.

Jour 5

Bellwald – Fürgangen – Pont suspendu « Goms Bridge » – Mühlebach – Niederwald – Reckingen 🚶

La cinquième journée commence avec la traversée du village de Fürgangen, puis le franchissement du quatrième pont suspendu de l'itinéraire, qui promet une bonne dose d'adrénaline en raison de sa longueur, 280 m au-dessus du Rhône qui coule 92 m en dessous. Tournez à gauche en sortant de la passerelle pour longer le fleuve en suivant le sentier sinueux. Vous passerez à proximité du village de Niederwald et gagnerez faiblement en altitude jusqu'à la prochaine étape, à Reckingen. Ce joli village de chalets est fier de ses racines celtes qui remontent à 500

av. J.-C. Vous y trouverez trois hôtels, un camping et un refuge.

Jour 6

Reckingen – Pont suspendu de Bodmer-Brücke – Ulrichen – Ladstafel 🚶

Dernière journée de marche à travers de magnifiques paysages alpins verdoyants. Au loin, vous apercevez la petite ville de Münster et traverserez le pont suspendu de Bodmer-Brücke, juste avant Ulrichen; moins spectaculaire que les précédents, il ne manque toutefois pas de charme, avec son torrent, l'Aegina, qui coule dessous et le paysage de lande et de mélèzes qui lui sert d'écrin. Peu avant d'arriver à Ladstafel, vous franchirez un superbe petit pont de pierre construit en 1761. Une fois au village, vous pourrez prendre le car postal pour retourner à votre point de départ.

Lac de Märjelen

Nos conseils

Hébergement

Organisez votre hébergement bien longtemps à l'avance, car les refuges et les hôtels sont pris d'assaut en haute saison. Si le cœur vous en dit, vous pourrez bivouaquer le long de l'itinéraire.

Stationnement

Les principaux villages de la région d'Aletsch (Riederalp, Bettmeralp, Fiescheralp) sont totalement piétonniers. Des stationnements payants ont été aménagés aux abords.

À prévoir

L'argent liquide est roi. Veillez à en avoir suffisamment sur vous, les cartes bancaires étant presque toujours refusées dans les commerces d'alpage.

Équipez-vous le plus légèrement possible pour faire face à cette longue randonnée, mais sans faire l'impasse sur les vêtements imperméables et chauds.

Même si cette randonnée ne comporte pas de difficultés, les passerelles suspendues peuvent en impressionner certains. Ce trajet est donc déconseillé aux personnes sujettes au vertige.

Assurance assistance en montagne

Il est important de souscrire à un service d'assistance en montagne pour faire toute randonnée en territoire helvétique (voir p. 73).

Carte

Münster/Pont suspendu de Bodmer-Brücke/Ulrichen

Jungfrau-Aletsch-Bietschhorn

Pont supendu Aspi-Titter — Reckingen — Ladstafel

Burghütte

Lac de Märjelen/Tunnel de Gletscherstube

Bellwald — Niederwald

Pont suspendu de Belalp-Riederalp

Fiescheralp — Mühlebach

Aletschbord

Hohfluh — Riederalp — Fürgangen/Pont suspendu « Goms Bridge »

Fäld

Riederfurka

Blatten

ITALIE

Geimen

SUISSE

Pont suspendu Massa

Bitsch

Crampiolo

Goglio — Agaro — Cadarese

Suisse

Quand y aller?
De mai à octobre. Même si le site est plus ou moins accessible l'hiver, la neige et la glace rendent la randonnée trop dangereuse. En outre, les restaurants d'alpage ne sont ouverts que pendant la belle saison.

Creux-du-Van

5 jours

De **Genève** à **Noiraigue**

La Suisse et l'Europe centrale

Pour qui ? Pourquoi ?

Pour les randonneurs férus de grands espaces, curieux de découvrir une formation géologique exceptionnelle. Pour parcourir un paysage unique en Europe, dans une zone protégée où pullulent les animaux sauvages.

Inoubliable…

S'aventurer dans la profonde forêt jurassienne alors qu'elle baigne dans une brume mystique au petit matin.

Se sentir minuscule face au paysage immense qui s'étale au pied d'une incroyable falaise en fer à cheval.

Observer un petit groupe de chamois traverser discrètement le sentier.

Découvrir l'absinthe lors d'un rituel de préparation dans une distillerie du Val-de-Travers.

Le **Creux-du-Van**, le Grand Canyon de Suisse

C'est dans le canton de Neuchâtel, berceau de l'horlogerie suisse, que se situe le Creux-du-Van («van», un mot d'origine celte signifiant rocher). Il s'agit d'un gigantesque cirque rocheux en forme de fer à cheval de 1 400 m de large et 200 m de haut. Cette formation de calcaire hors-norme, que la mer a créée il y a 200 millions d'années, prend ici des allures de Grand Canyon. Pour accéder à ce site prodigieux, empruntez le Sentier des Quatorze contours qui débute à Noiraigue, une petite localité que traverse la Route touristique de l'absinthe. Le sentier suit les contours de la falaise et offre des vues stupéfiantes sur ce monument naturel, sur la campagne jurassienne qui s'étend à perte de vue et sur le massif du Mont-Blanc qui se dessine au loin. Le site étant intégré à une réserve naturelle éponyme, de nombreuses espèces animales protégées y évoluent en toute quiétude et se laissent observer aisément : bouquetins, chamois, chevreuils et même lynx!

Noiraigue

Sentier des Quatorze contours

Bouquetin

Nos conseils

Sécurité

Les abords du cirque rocheux ne sont protégés par aucun garde-corps, clôture ou barrière. Faites très attention en arpentant les limites de la falaise, surtout si vous êtes accompagné d'enfants.

Gastronomie

Dans le secteur du Creux-du-Van, rien de tel que de goûter les spécialités locales, comme la fondue neuchâteloise, les charcuteries et les cornets à la crème dans les métairies, des restaurants d'alpage traditionnels, situés aux abords du site et dans les villages du Val-de-Travers. Certaines d'entre elles proposent des forfaits gîte et couvert.

Assurance assistance en montagne

Il est important de souscrire à un service d'assistance en montagne pour faire toute randonnée en territoire helvétique (voir p. 73).

Genève
Jours 1 et 2

Consacrez les deux premiers jours de ce voyage à Genève, agréablement installée en bordure du lac Léman duquel jaillit son emblématique Jet d'eau. Ne manquez pas de visiter la cathédrale Saint-Pierre, au cœur de la Vieille Ville, et d'aller vous balader dans le jardin anglais où se trouve la célèbre Horloge fleurie. Genève étant le siège de nombreux organismes internationaux, vous pouvez aussi y explorer le Palais des Nations Unies et le Musée international de la Croix-Rouge et du Croissant-Rouge.

Genève – Lausanne – Noiraigue 🚶
Jours 3 et 4

Faites route vers Lausanne, où vous visiterez le musée Olympique et la cathédrale gothique, avant d'aller arpenter les quais d'Ouchy le long du lac Léman. Le lendemain, faites une excursion dans la région viticole du Lavaux, où des sentiers de randonnée sillonnent les vignobles en terrasse qui descendent vers le lac, puis poursuivez jusqu'à Noiraigue.

Noiraigue – Creux-du-Van – Noiraigue 🚶
Jour 5

Vous partirez du restaurant d'alpage de la Ferme Robert, qui marque le point de départ du Sentier des Quatorze contours, à 972 m d'altitude. Le tracé suit la route des Oeillons jusqu'à la buvette d'alpage du même nom. Après une portion large et dégagée, la montée commence à travers la forêt, et le chemin s'incline et rétrécit un peu plus. Comme son nom l'indique, le sentier compte 14 contours numérotés, ce qui permet de visualiser la progression et d'amplifier le sentiment d'anticipation. Au fur et à mesure de l'ascension, vous commencerez à distinguer les falaises

à travers les arbres. Les panneaux indiquent la direction du Soliat, le point géographique le plus élevé du Creux-du-Van, à 1 400 m d'altitude. Au sommet se trouve une métairie qui propose une cuisine du terroir et des hébergements en chambre, dortoir et yourte. La vue sur les falaises est tout simplement féerique. Par temps clair, les cimes alpines enneigées qui s'étirent au loin présentent un spectacle inoubliable. Le retour se fait par le même chemin.

Quand y aller?

En raison de l'altitude du parcours et des nombreux sommets de plus de 3 000 m qui entourent la région, l'hiver est long et très froid, et la neige encombre les sentiers jusqu'à la fin juin. La période allant du début juillet à la mi-septembre est la plus propice pour cette randonnée.

Les lacs de Sils et de Silvaplana

5 jours

De **Maloja** au **Parc national suisse**

Pour qui ? Pourquoi ?

Pour les randonneurs endurants habitués à une altitude moyenne de 2 000 m. Pour découvrir une partie confidentielle de la Suisse, le long de l'extraordinaire chaîne de la Bernina.

Inoubliable…

Découvrir les lacs de Sils, de Silvaplana, et de Saint-Moritz qui s'étirent en chapelet dans un écrin de montagnes vertigineuses en arrivant par les épingles du col de la Maloja.

Admirer le panorama féerique le long du sentier parfaitement balisé de la Via Engiadina.

Faire le fascinant trajet en téléphérique jusqu'au sommet de la Diavolezza.

Randonnée au pays de *Heidi* et de la haute société sur la **Via Engiadina**

Avec 615 lacs, 150 vallées et un parc national, le canton des Grisons, le plus vaste de la Suisse, est un fabuleux paradis de la randonnée, et la Via Engiadina en est le parcours le plus emblématique. Le chemin sillonne la région de la Haute-Engadine en dominant un sublime chapelet de lacs émeraude. Chamois, bouquetins, marmottes et loups y évoluent en toute quiétude dans un paysage alpin majestueux que domine la chaîne de la Bernina. Ce trek vous mènera notamment à la découverte de Grevasalvas, la patrie de *Heidi*, de Silvaplana et de ses lacs aux eaux émeraude, puis de l'opulente Saint-Moritz, dont les palaces accueillent les grands de ce monde. Vous conclurez cette merveilleuse odyssée dans le Parc national suisse, fierté de la région.

Grevasalvas

Piz Nair

Parc national suisse

Jour 1

Maloja

Pour atteindre Maloja, deux itinéraires s'offrent à vous. Celui provenant de l'ouest oblige à faire une incursion par l'Italie en empruntant la route SS37, qui devient ensuite la route 3. Elle conduit directement à Maloja par le col du même nom, qui culmine à 1 815 m. La route ondule magnifiquement à travers une vallée encaissée, puis de nombreux lacets se succèdent jusqu'à l'arrivée au village. L'autre accès passe par la route 3 depuis la capitale des Grisons, Coire. La route se fraye un chemin parmi des sommets prestigieux de plus de 3 000 m, comme le Piz Mitgel, le Piz Calderas et le Piz Forbesch, pour franchir le col du Julier par une succession de virages offrant des vues splendides. La dernière épingle s'ouvre sur le panorama des lacs de l'immense vallée de la Haute-Engadine, avec Saint-Moritz et Silvaplana en son centre. Il vous suffira de tourner à droite et de suivre un magnifique itinéraire de bord de l'eau jusqu'à Maloja où vous trouverez vos quartiers pour la nuit.

Jour 2

Maloja – Grevasalvas – Sils-Maria – Silvaplana

Le sentier démarre du centre du village de Maloja par la gauche, face au lac de Sils. Après un bref passage sur la route principale, tournez à gauche en suivant les panneaux. La montée est d'abord progressive, puis la dénivellation s'accentue considérablement lorsqu'elle commence à grimper en lacets serrés. Vous vous retrouverez à plus de 2 000 m d'altitude, avec une vue imprenable sur la vallée de la Haute-Engadine. Après la traversée du hameau de Blaunca (2 034 m), le sentier continue en révélant un panorama dégagé. Vous arriverez à Grevasalvas (1 940 m), où vous pourrez visiter le site de tournage de la série *Heidi*. Le lieu est charmant, avec ses petites maisons rustiques aux toits de granit.

En arrivant à Föglias (1 799 m), offrez-vous un détour par le magnifique village de Sils-Maria (1 809 m). En déambulant dans ses ruelles, vous découvrirez des bâtiments colorés entretenus avec goût, des auberges cultivant la tradition, mais surtout la maison où a résidé Frédéric Nietzsche, aujourd'hui transformée en musée. Revenez ensuite sur vos pas et poursuivez votre chemin sur la Via Engiadina. Terminez votre journée à Silvaplana, un village dédié aux sports aquatiques que bordent deux splendides lacs, celui qui porte son nom et le lac de Champfèr.

Suisse

Vue des glaciers du massif de la Bernina depuis la Diavolezza

Saint-Moritz, rendez-vous hivernal de la haute société

Cette station de 5 000 résidents permanents a su cultiver la discrétion pour permettre à ses illustres visiteurs, milliardaires, célébrités et têtes couronnées, de venir s'y détendre dans des établissements d'un luxe mirobolant. L'histoire de Saint-Moritz commence en 1864 lorsqu'un hôtelier visionnaire, Johannes Badrutt, fait découvrir les vacances de neige à la nouvelle élite anglaise dont la révolution industrielle a fait la fortune. De nos jours, la clientèle hivernale est toujours aussi chic et dispose de 350 km de pistes desservies par une infrastructure ultramoderne qui attire aussi des événements internationaux, comme la Coupe du monde de ski, des championnats de bobsleigh et de luge, et même des compétitions hippiques sur neige.

Saint-Moritz

Jour 3

Silvaplana – Saint-Moritz – Samedan 🚶

Levez-vous tôt pour entreprendre cette troisième journée. Plus long tronçon de marche (24 km), la randonnée inclut la visite de Saint-Moritz (vous pourrez aussi y revenir ultérieurement), ainsi que des passages en altitude à ses points culminants. Prévoyez être sur vos jambes une bonne dizaine d'heures.

Quittez Silvaplana en faisant une montée qui vous conduira au sommet du Corviglia (2 555 m), le plus haut de cette randonnée. De nombreux télésièges y convergent, les versants faisant partie du domaine skiable de Saint-Moritz. Vous trouverez de nombreux restaurants d'altitude pour vous sustenter.

Retour sur le sentier qui vous conduira d'abord à Marguns (2 274 m), puis légèrement en montée, pour atteindre le Munt da la Bês-cha (2 488 m) avant d'entamer la descente sur

Samedan, terminus de la Via Engiadina. Le long du sentier, vous croiserez différentes buvettes d'alpages, des refuges et d'autres restaurants d'altitude. Au terme de cette journée bien remplie, vous arriverez au centre de Samedan, un important carrefour à la fois ferroviaire et aérien, avec son aéroport international qui permet à la jet-set mondiale de déferler sur Saint-Moritz.

Jour 4

Samedan – Saint-Moritz 🚶

Il est temps de poser votre sac à dos pour vous imprégner de l'atmosphère mirifique de Saint-Moritz en flânant dans ses jolies rues parsemées de belles boutiques et de terrasses fleuries. Pour compléter votre visite, vous pouvez prendre de la hauteur en empruntant le téléphérique vers le Piz Nair (3 057 m), l'apogée du domaine skiable, et même vous diriger vers Pontresina. En dépassant le camping de Morteratsch, vous atteindrez les remontées

mécaniques de la Diavolezza (2 978 m) qui, de son sommet, offre une vue fantastique sur les glaciers du massif de la Bernina et ses pics de 4 000 m. Inoubliable!

Jour 5

Saint-Moritz – Zernez – Parc national suisse 🚶

À un jet de pierre de Saint-Moritz (35 km) se trouve un joyau de la région : le Parc national suisse. L'accès se fait du village de Zernez, où se trouve le bureau d'information qui vous fournira tous les renseignements nécessaires pour organiser votre journée. Vous pourrez aussi vous y inscrire à une excursion guidée (payante) en compagnie d'un naturaliste qui vous fera découvrir la faune et la flore du lieu. Surtout, ne vous aventurez pas dans le parc avant d'être passé par le centre d'information : la zone est ultra-règlementée, les restrictions sont nombreuses et l'environnement est rigoureusement protégé.

Col de la Maloja

Nos conseils

Hébergement

Réservez votre hébergement suffisamment à l'avance, car la saison des randonnées est relativement courte et la destination populaire. Par ailleurs, des campings de qualité, dotés d'infrastructures des plus modernes, se trouvent tout le long de l'itinéraire.

Langue

Le canton est officiellement trilingue (allemand, italien, romanche). Si vous ne maîtrisez aucun de ces trois idiomes, l'anglais, langue officielle du tourisme, est largement parlé dans les Grisons.

Assurance assistance en montagne

Il est important de souscrire à un service d'assistance en montagne pour faire toute randonnée en territoire helvétique (voir p. 73).

Heidi

Si vous êtes de ceux qui ont apprécié la jolie série télévisée *Heidi*, ne manquez pas de vous rendre à son lieu de tournage, à Grevasalvas, un superbe hameau en surplomb du lac de Sils.

15

Quand y aller ?

De la fin juin à la mi-octobre. Même si la région jouit d'un climat tempéré et ensoleillé par rapport au reste de la Suisse grâce à sa proximité relative avec la Méditerranée, le sentier se retrouve sous un épais manteau neigeux en altitude dès la fin octobre.

Lac Majeur

4 jours

De **Locarno** à **Airolo**

Pour qui ? Pourquoi ?

- *Pour les marcheurs en excellente condition physique, capables de franchir d'importants dénivelés sous un soleil parfois brûlant. Pour découvrir ce petit trésor qu'est le Tessin, un canton helvétique empreint de culture italienne.*

Inoubliable...

- *Savourer un repas typique sous l'une des arcades colorées de la somptueuse Piazza Grande de Locarno.*
- *Déambuler parmi les ravissants hameaux de pierre sèche qui jalonnent le parcours.*
- *Apercevoir la cascade de Foroglio qui surgit à plus de 110 m dans un paysage verdoyant, au pied d'un village minéral.*
- *Séjourner à près de 2 600 m d'altitude dans le refuge ultramoderne de la Capanna Cristallina et savourer une vue imprenable sur le glacier du Basòdino et les pics environnants.*

Incursion en Suisse « méditerranéenne » sur le **Sentier Cristallina**

Le *Sentiero Cristallina* est sans doute le chemin de randonnée le plus enchanteur du canton du Tessin de la Suisse italophone. Sous un ciel radieux à la luminosité méditerranéenne, l'itinéraire débute sur le rivage scintillant du lac Majeur avec la découverte de Locarno et de son architecture colorée, digne des plus beaux décors de théâtre. Puis, l'aventure se poursuit sur les flancs escarpés du Val Maggia en passant par de profondes forêts de châtaigniers et des hameaux de pierre au charme croquignolet. Sur un chemin parfois pentu, les *grotti*, de délicieux bistros de campagne, constituent une halte gourmande à la convivialité méridionale. Le point d'orgue de cette randonnée est l'arrivée au grand refuge Capanna Cristallina, à près de 2 600 m d'altitude, dans le paysage enivrant des cimes enneigées et des glaciers.

Piazza Grande de Locarno

Bignasco

Jour 1

Locarno

Découvrir Locarno, avec ses façades multi-colores, ses palmiers, l'animation de son centre-ville et sa pittoresque Piazza Grande, assure un dépaysement total. Prenez plaisir à explorer cette petite ville de 15 000 habi-tants au gré des ruelles de son centre histo-rique ou de son grand marché du jeudi. À proximité, le Castello Visconteo, construit au XIIe s., et le sanctuaire Madonna del Sasso sont aussi dignes d'une visite. Les offres d'hébergement abondent à Locarno, tout comme les campings situés sur les rives du lac Majeur.

La cuisine du Tessin

Située au carrefour de l'Europe, la Suisse a su profiter des influences gastronomiques de ses voisins. Le Tessin ne fait pas exception, et c'est sans doute le canton qui a tiré le meilleur parti des bienfaits culinaires de son illustre riverain italien. Parmi les spécialités à essayer, ne manquez pas le pain au Tilsit (fromage), la tapenade aux olives noires locales, la salade de figues, la *busecca* (soupe de tripes), les paupiettes de veau à la tessinoise, le *coniglio arosto* (lapin rôti), les *uccelletti scappati* (escalopes de veau), le lapin au jambon, le risotto aux noix et la truite à la tessinoise. Au dessert, savourez des pâtisseries à base de châtaignes, d'amandes et de noix. Bon appétit !

Jour 2

Locarno – Bignasco – San Carlo – Capanna Basòdino 🥾

Quittez Locarno en voiture et rejoignez Bignasco, où commence le Sentier Cristallina, qui porte le numéro 59 tout au long du trajet. La randonnée s'amorce directement par une ascension régulière, parfois abrupte, à travers la forêt. Vous traverserez plusieurs hameaux en cheminant dans le superbe

Suisse

Capanna Cristallina

Cascade de Foroglio

Val Bavona

Val Bavona, une vallée profonde entourée de montagnes escarpées, couvertes d'une dense forêt de sapins et de châtaigniers. La beauté du paysage atteindra son paroxysme lorsque vous découvrirez la chute Foroglio, un ruban d'eau tonitruant qui dévale une falaise de 110 m de haut. La première étape se trouve un peu au-delà de San Carlo : le refuge Capanna Basòdino, une magnifique cabane de pierre sise au milieu des alpages, à 1 856 m d'altitude.

Jour 3

Capanna Basòdino – Capanna Cristallina 🏃

Retour sur le sentier qui, cette fois, promet d'être un peu plus exigeant en raison de l'altitude et de la dénivellation (départ à 1 856 m et arrivée à 2 568 m au refuge de Capanna Cristallina). Le paysage granitique parsemé de toundra alpine est splendide, bien que certaines portions du sentier peuvent être enneigées, surtout au début juillet. Cela ne comporte pas de difficultés particulières, mais il convient d'être prudent dans les secteurs à forte déclivité. Les six heures de marche prévues pour cette journée pourraient s'étirer dans le temps en raison des éboulis qui encombrent parfois le sentier.

Plusieurs lacs cristallins commencent à apparaître, donnant tout son sens au nom de ce sentier où l'eau est omniprésente. Voici l'imposante architecture du refuge qui se révèle; un bon repas et une bonne nuit de sommeil vous y attendent. Mais avant, prenez l'apéro sur la terrasse qui offre une vue irréelle sur le paysage environnant!

Jour 4

Capanna Cristallina – Airolo 🏃

Difficile de quitter le refuge tant sa situation laisse rêveur. C'est le moment d'entamer la descente à travers le Val Bedretto. Il s'agit de la plus longue portion de cette randonnée, avec un parcours de 17 km. Par contre, le trajet est tout en descente, avec plus de 1 420 m de dénivellation. Les sommets du massif du Saint-Gothard semblent de plus en plus imposants au fur et à mesure de la progression. Regardez bien où vous mettez les pieds, vous pourriez marcher sur des buissons de délicieuses myrtilles sauvages. Enfin, le but est atteint : voici Airolo. Il est temps de s'installer sur l'une des nombreuses terrasses et de savourer un cappuccino pour fêter la conclusion de cette randonnée qui restera longtemps gravée dans vos souvenirs.

Airolo

Nos conseils

S'héberger et se restaurer

Lors de votre séjour dans le canton du Tessin, faites l'expérience des *grotti*. Un *grotto* (au singulier) est une auberge de campagne qui propose une nourriture goûteuse de produits locaux sur une terrasse ombragée.

Si vous comptez passer la nuit dans un refuge, il est impératif de réserver votre place. Il est peu probable que vous soyez accepté en arrivant à l'improviste, simplement parce que ce sera complet!

S'informer

Téléchargez l'application *hikeTicino* qui contient une mine de renseignements sur les sentiers du Tessin, dont celui de la Cristallina. Elle est également très utile pour visualiser les cartes et consulter la météo en temps réel.

Assurance assistance en montagne

Il est important de souscrire à un service d'assistance en montagne pour faire toute randonnée en territoire helvétique (voir p. 73).

Suisse

Entre Harder Kulm et Augstmatthorn

3 jours

D'**Interlaken** à **Brienz**

Pour qui ? Pourquoi ?

Pour les randonneurs en excellente condition physique qui ne sont pas sujets au vertige. Pour profiter d'une vue sensationnelle sur les Alpes bernoises et leur massif de la Jungfrau, et pour observer au plus près les bouquetins, les résidents permanents de ces montagnes.

Inoubliable…

- Avoir l'impression de marcher vers le ciel lorsque le sentier émerge au-dessus des nuages, comme par magie.
- S'éblouir des reflets turquoise du lac de Brienz et du paysage dantesque de la Jungfrau.
- Ressentir un immense sentiment de liberté en profitant d'un panorama à 360° pendant tout le périple.
- Observer des bouquetins sur la crête dans la lumière de l'aube.

Les **crêtes de Brienz** : la plus belle randonnée du monde?

Grand classique mondial, le sentier des crêtes de Brienz suit un tracé qui semble flotter dans les nuages, évoquant un décor digne d'un roman de Tolkien. La vue imprenable englobe les sommets vertigineux des Alpes bernoises, ainsi que de l'éclatant lac de Brienz et son ravissant village éponyme. Sur les 25 km de cet itinéraire phénoménal, plus de 18 km se situent au-delà de la limite des arbres avec, de part et d'autre du sentier, des à-pics de plus de 1 500 m. Une rencontre avec les bouquetins est garantie puisqu'ils y résident en grand nombre. Certains considèrent cette randonnée comme la plus belle du monde. Pour en avoir le cœur net, il faut en faire l'expérience!

Le château-restaurant de Harder Kulm

L'importance de souscrire une assurance assistance en montagne

Pour toute randonnée en territoire helvétique, il est de la plus haute importance de souscrire à un service d'assistance. En effet, la moindre entorse en territoire alpin peut s'avérer extrêmement coûteuse si l'intervention d'un hélicoptère s'avérait nécessaire. La facture peut être encore plus salée si des recherches devaient être entreprises. Vérifiez si votre assurance santé complémentaire offre ce service, ou contactez la Garde aérienne suisse de sauvetage (REGA) pour connaître toutes les modalités.

d'ingénierie. Depuis, des centaines de télécabines et téléphériques ainsi que pas moins de 45 trains de montagne parcourent les versants environnants. Comme son nom l'indique, Interlaken se situe entre deux lacs, celui de Thoune à l'ouest, et le lac de Brienz à l'est.

Jour 2

Interlaken – Harder Kulm – Sentier des crêtes de Brienz 🚶

L'idéal est de commencer la journée très tôt pour grimper « à la fraîche », car il peut faire très chaud en été. De plus, vous pourrez profiter du lever de soleil sur le massif des Alpes bernoises. Les randonneurs à la recherche de performance et de vitesse pourront faire le trajet en une journée et rejoindre

Jour 1

Interlaken

Commencez votre exploration par la visite d'Interlaken, point de départ de toute aventure dans l'Oberland bernois. Cette région est un lieu de villégiature de réputation internationale depuis le XIXe s., et surtout depuis l'ouverture en 1912 du chemin de fer de la Jungfrau, une fabuleuse prouesse

Suisse

Train à vapeur du Brienz Rothorn

Brienz

le train à vapeur qui redescend à Brienz avant sa fermeture. Il s'agit bien souvent du choix des randonneurs locaux très en forme et des athlètes amateurs. Quant aux autres, il est préférable de prendre le temps de profiter de ce parcours magique tout en ayant le loisir de sélectionner un point de bivouac adéquat le moment venu.

Au départ de la station d'Interlaken Ost, empruntez le funiculaire menant à Harder Kulm, où se trouve un superbe château-restaurant touristique qui surplombe la vallée à 1 332 m d'altitude. De là, il suffit de suivre les petits panneaux jaunes pour rejoindre le point de départ du sentier. À la sortie de la forêt, mettez le cap sur l'Augstmatthorn (2 137 m). C'est parti pour une ascension de 700 m de dénivelé. Certaines sections à flanc de montagne donnent le frisson; des

câbles permettent de s'y agripper. Après avoir conquis l'Augstmatthorn, vous enfilez les prochains sommets : d'abord le Riedergrat (1 963 m), puis le Blasenhubel (1 965 m), le Schnierenhörnli (2 070 m) et le Tannhorn (2 221 m). En fin d'après-midi, commencez à établir votre bivouac.

Jour 3

Sentier des crêtes de Brienz – Gare Brienz Rothorn Bahn/Col de Brünig – Brienz 🚶

Si vous n'avez pas rencontré de bouquetins la veille, il est plus que probable que vous en verrez au petit matin puisque ces animaux fréquentent les plus hautes crêtes

aux premiers rayons du soleil. Il est temps de plier bagage et de repartir. Passé la montagne du Schongutsch (2 320 m), la gare du petit train à vapeur du Brienz Rothorn Bahn est en vue. Deux options s'offrent à vous : soit redescendre en train jusqu'à Brienz, soit continuer la randonnée en descente, mais toujours sur les crêtes, jusqu'au col de Brünig (1 008 m). Cette deuxième solution est un peu plus physique (11 km et 4h de marche supplémentaire), mais beaucoup moins onéreuse. Assurez-vous toutefois de vous lever tôt pour ne pas le faire dans l'obscurité! Dévaler plus de 1 700 m de dénivelé à la seule lueur d'une lampe frontale relève de l'exploit. Si vous optez pour le train à vapeur, sachez qu'il fonctionne du début juin à la troisième semaine d'octobre et que les horaires sont restreints (https ://brienz-rothorn-bahn.ch).

La vue depuis Harder Kulm

Nos conseils

À prévoir

Emportez des bâtons de trekking télescopiques! Même les randonneurs les plus aguerris apprécieront ces accessoires qui sécuriseront leurs pas le long des crêtes escarpées.

Munissez-vous de suffisamment d'eau, car vous n'en trouverez pas le long du chemin. Prévoyez aussi une somme d'argent liquide suffisante, car les commerces alpins acceptent rarement les cartes bancaires.

N'entreprenez pas cette randonnée sous la pluie ou lorsque le sentier est détrempé. Certaines sections peuvent être extrêmement glissantes, aussi bien sur les parties rocailleuses qu'herbeuses. Si la météo n'est pas absolument favorable, il est préférable d'annuler.

Même si la randonnée semble courte, la progression est lente en raison des conditions exceptionnelles de ce parcours étroit bordé de pentes abruptes. Prévoyez du temps, surtout pour la descente finale.

Bivouac

Le camping sauvage est interdit en Suisse, mais le bivouac est autorisé. Par contre, les parties planes sont plutôt rares le long du trajet. Prenez le temps de choisir votre emplacement avec soin.

Gare Brienz
Rothorn Bahn

Sentier
des crêtes
de Brienz

Brienz

Col de
Brünig

Habkern

Lac de Brienz

Harder
Kulm

Iseltwald

SUISSE

Interlaken

Lac de
Thoune

Wilderswil

Gsteigwiler

Lütschental

Burglauenen

Gündlischwand

Suisse

Quand y aller?
Si l'on peut espérer observer les bisons toute l'année, deux périodes sont plus favorables : le début du printemps, lorsqu'ils viennent brouter aux portes de la zone strictement protégée, et le début de l'automne, lorsque le rut commence.

Parc national de Białowieża

4 jours

De **Varsovie** au **parc national de Białowieża**

Pour qui ? Pourquoi ?

Les promenades dans la forêt de Białowieża ne sont pas bien exigeantes, si l'on excepte la patience nécessaire pour espérer voir des bisons!

Inoubliable…

Sentir l'odeur des sous-bois inviolés.

Observer une harde de bisons sauvages émergeant de la brume matinale.

Admirer les grands pins et sapins qui excèdent 50 m de hauteur.

En **Pologne** à la recherche des bisons de **Białowieża**

À l'extrême-est de la Pologne s'étend l'une des dernières grandes forêts primaires d'Europe, la forêt de Białowieża, partagée avec la Biélorussie voisine. Protégé de part et d'autre de la frontière par un parc national, ce vaste pan de nature, classé au patrimoine mondial de l'humanité par l'UNESCO, abrite la dernière population de bisons sauvages du continent, soit près de 800 bêtes, timides, qui se terrent le plus souvent sous le couvert dense de chênes centenaires et de très (très) grands pins. Certains randonneurs parviennent pourtant à les surprendre, au détour d'un chemin.

Tour d'observation du sentier du Tsar

Bisons

Un des sentiers du parc national de Białowieża

Nos conseils

Où voir les bisons?

Au printemps, on peut parfois surprendre des bisons qui viennent brouter l'herbe nouvelle juste aux portes de la zone strictement protégée d'Orłówka, tout près du village de Białowieża. En été et au début de l'automne, c'est dans la partie nord du parc qu'on peut espérer les apercevoir à l'aube (des guides vous y conduiront). En hiver, du foin est disposé pour eux aux postes d'observation de Kosy Most et Czoło.

Faune

Plus ancien parc national polonais (1921), Białowieża abrite non seulement quelque 800 *żubr* (bisons), mais aussi plusieurs meutes de loups, des lynx, des sangliers, des cerfs, des élans, des blaireaux... On y a recensé 160 espèces d'oiseaux, dont la très rare cigogne noire. Ceux qui n'ont pas la chance de croiser des animaux sauvages feront halte à la Rezerwat Pokazowy Żubrów, une sorte de zoo qui occupe un grand pan de forêt, où vivent aussi quelques chevaux rustiques, proches des tarpans sauvages d'autrefois.

Ailleurs en Europe centrale

Cet itinéraire peut être combiné à celui du sentier du Rhin en Allemagne (voir p. 82).

Jours 1 et 2

Varsovie

Entreprenez votre séjour en Pologne en visitant sa capitale. La vieille ville vous séduira avec le Rynek Starego Miasta, l'ancienne place du marché entourée d'immeubles aux façades colorés abritant bars et restaurants, le château royal donnant sur la place Zamkowy, ainsi que la barbacane et les remparts qui la protègent. Empruntez aussi la prestigieuse voie royale menant du château au palais présidentiel, arpentez les allées du vaste parc Lazienki et celles du jardin saxon, où se trouve la tombe du soldat inconnu, puis montez au sommet du palais de la Culture et des Sciences pour une vue imprenable sur la ville. Les amateurs de musique visiteront le musée dédié au compositeur polonais Frédéric Chopin et pourront même s'offrir une excursion à sa maison natale de Zelazowa Wola, à une soixantaine de kilomètres à l'ouest de la ville.

Jours 3 et 4

Varsovie – Parc national de Białowieża

Après avoir complété votre visite de Varsovie, faites route jusqu'à Białowieża. Vous pourrez ensuite consacrer la totalité de la journée suivante à l'exploration du parc national polonais du même nom, plus aisément accessible que son homologue biélorusse. Le parc polonais se divise en deux zones distinctes: l'une, strictement préservée (Orłówka), où l'on ne pénètre qu'en compagnie d'un guide naturaliste pour découvrir les secrets de son écosystème; l'autre, bien plus vaste, libre d'accès (Hwoźna), où l'on peut espérer voir des bisons émerger de la forêt à l'aube.

En dehors de ces lieux clefs, un sentier en boucle (30 min) parcourt le superbe secteur de Stara Białowieża, aux très grands chênes, vieux de plus de 400 ans. Le sentier du Tsar (*Carska Tropina*) emprunte sur 4 km un chemin datant du temps de l'Empire russe, qui traverse les prairies bordant la rivière Narewka où poussent orchidées et lys martagons. En chemin, une tour d'observation offre un point de vue dominant sur la forêt. Autre classique, le sentier du Loup (*Wilczy Szlak*), long de 11,5 km, ajoute aux prairies la belle futaie de conifères humide de Głuszec et des tourbières.

Pologne

Quand y aller?
L'été est la meilleure saison, mais pour éviter l'achalandage des vacanciers européens, mieux vaut favoriser juin. Il est alors parfois possible de trouver pension dans les refuges sans réserver, mais il est préférable de ne pas prendre ce risque et d'assurer sa place à l'avance.

Massif du Dachstein

8 jours

Boucle au départ du **lac de Gosau**

Pour qui? Pourquoi?

Pour ceux qui aiment allier le défi de la marche en montagne au plaisir de découvrir la culture, l'architecture et la gastronomie locales.

Inoubliable…

Les vues imprenables du massif du Dachstein.

Expérimenter un agréable mélange de sentiers variés (haute montagne, forêts, prés, glaciers, villages, chemins de campagne…).

Déguster des plats typiquement autrichiens au terme des journées de randonnée.

Plonger dans le lac de Gosau à la fin de la boucle : une récompense qui n'a pas de prix, après un effort non négligeable.

Le tour du massif du **Dachstein** : grande nature et culture locale

Le tour du massif du Dachstein (*Dachstein Rundwanderweg*) est une randonnée d'environ 125 km qui traverse les *lands* (États) de la Styrie, de la Haute-Autriche et de Salzbourg. Les sentiers qui composent cet itinéraire mènent à travers de majestueuses montagnes et de bucoliques prés et forêts, tout en passant assez près des villages pour profiter de leurs saveurs locales. C'est ni plus ni moins une découverte en profondeur de la nature et de la culture autrichiennes. Les nuitées (et les repas) se passent dans le confort d'auberges, ce qui donne lieu à des échanges forts intéressants avec les « locaux », tout comme avec les autres randonneurs.

Hallstatt

Pont suspendu du Dachstein

Hofpürglhütte

Option « randonnée et vélo »

On trouve une infinité de sentiers dans le massif du Dachstein. Avec une carte détaillée et un bon sens de l'orientation, il est possible d'improviser des détours (pour accéder à certains sommets) ou des raccourcis (pour écourter la randonnée). On y trouve également des sentiers parallèles où le vélo est permis. Quelques agences proposent même l'option *Bike & Hike*, permettant de faire les quatre premiers jours à pied et le reste en une ou deux journées à vélo (en louant par exemple un vélo à Gröbming après avoir passé la nuit à la Steinerhaus).

dernier kilomètre se fait en montée abrupte, mais quelle récompense panoramique une fois arrivé!

Jour 3
Südwandhütte – Guttenberghaus 🥾

C'est l'étape des grandes hauteurs, mais la montée se fait mécaniquement, à l'aide d'une gondole, qui transporte d'abord jusqu'à un pont suspendu, puis à la Dachstein Skywalk, une plateforme d'observation perchée à près de 2 700 m d'altitude. Le panorama qui embrasse les glaciers et les sommets autour rappelle que nous sommes bel et bien en haute montagne! En route vers la destination du jour, l'auberge Guttenberghaus, il faut avoir le pied solide puisque la neige peut souvent être dure et glissante.

Jour 1
Lac de Gosau – Hofpürglhütte 🥾

Prendre un bon petit déjeuner avant d'entamer cette première journée est de mise, car plus de 1 000 m d'ascension sont au programme! Mais l'effort en vaut la chandelle, alors que vous obtenez vos premières vues du massif du Dachstein dans toute sa splendeur. Si jamais le carburant venait à vous manquer, vous croiserez quelques auberges où vous ravitailler avant d'arriver au refuge Hofpürglhütte.

Jour 2
Hofpürglhütte – Südwandhütte 🥾

Cette deuxième journée débute avec quelques ascensions qui conduisent au-dessus de la ligne des arbres; certaines sections du sentier se font même sur la neige! La descente traverse ensuite un agréable terrain mixte de pâturage et de bosquets. En fin de parcours, on bénéficie d'une superbe vue du flanc du massif et du refuge de montagne Südwandhütte, l'objectif de la journée. Le

Autriche

Au cœur du massif du Dachstein, entre les étapes de Hofpürglhütte et Südwandhütte

Obertraun et le lac Hallstatt

Gondole

La Suisse et l'Europe centrale

Jour 4

Guttenberghaus – Steinerhaus 🚶

Tout près de l'auberge Guttenberghaus qu'on vient de quitter, en bas sur la gauche, se trouve un petit lac de montagne. À environ 15 min du sentier principal, ce court détour en vaut la peine, surtout par temps chaud. La suite de la descente s'effectue au travers des prés et prairies. Étrangement, il faut se méfier des vaches qui y paissent. Très habituées aux humains, certaines peuvent même se montrer plutôt agressives. En Autriche, quelques randonneurs ont déjà été attaqués, et même tués, par des vaches!

Jour 5

Steinerhaus – Steinitzenalm 🚶

À partir de l'auberge Steinerhaus, on commence graduellement à perdre de l'altitude. On croise d'ailleurs de nombreux autres sentiers de marche, ainsi que de plus en plus de randonneurs. Fait saillant de la journée, la vue de la gorge de la Notgasse vous impressionnera avec ses parois rocheuses où l'on peut admirer de nombreux pétroglyphes. Nuitée à l'auberge Steinitzenalm.

Jour 6

Steinitzenalm – Obertraun 🚤 (30 min) Hallstatt 🚶

C'est le jour du retour à la civilisation. Le reste de la randonnée prend ici une tournure culturelle. Les sentiers passant très près des villes et villages, les occasions de plaisirs gastrono-

Lac de Gosau

miques sont plus fréquentes et le choix d'hébergement est plus grand. Avec plus de 25 km à parcourir, c'est également la plus longue journée de la boucle. Après le lac Öden, le sentier suit un chemin forestier plutôt plat jusqu'à Obertraun. Pour ceux qui désirent encore un peu de dénivellation, il est aussi possible (avec une bonne carte) de couper au travers des montagnes pour rejoindre Obertraun. Il faut cependant être doté d'un excellent sens de l'orientation! Une fois à Obertraun, on prend le traversier du lac Hallstatt pour rejoindre le village du même nom, où se trouvent de nombreux établissements d'hébergement ainsi qu'un site de camping.

Jour 7
Hallstatt – Bad Goisern 🚶

On partage la route avec des cyclistes et marcheurs de la région ou d'ailleurs en suivant la rive du lac Hallstatt vers le nord, jusqu'à Bad Goisern. En chemin, les vues sur le lac et sur les habitations harmonieusement installées sur ses berges sont des plus bucoliques!

Jour 8
Bad Goisern – Lac de Gosau 🚶

Cette dernière journée débute par une montée graduelle à travers prés et forêts. On croise quelques auberges où il est agréable de prendre une pause et de se ravitailler, car plus de 21 km de marche sont au programme. Une fois passé la communauté de Gosau, on sent que la fin du périple approche : un mélange de nostalgie et d'empressement d'arriver est inévitable. Et rien de mieux que de finir le tout par une «saucette» dans le magnifique lac de Gosau!

🚩 Nos conseils

Peut-on camper?

En Autriche, le camping «sauvage» est en général rigoureusement interdit et les contrevenants s'exposent à des amendes très salées. Toutefois, l'examen attentif des différentes règlementations en vigueur permet de déduire que planter sa tente peut être toléré dans certains *lands* (comme la Styrie et la Haute-Autriche), aux conditions suivantes :

- ne pas se trouver dans un parc;
- s'installer au-dessus de la limite des arbres;
- ne pas être visible depuis un sentier;
- ne pas camper plus d'une nuit au même endroit.

Ceux pour qui dormir sous la tente est un incontournable de la randonnée peuvent, moyennant un peu de recherche, de planification et d'autorisation, organiser leur périple autour du Dachstein en prévoyant trois ou quatre nuits sous la tente. Cela implique toutefois un surplus de bagage à transporter...

Autriche

Région viticole du Rheingau

La Suisse et l'Europe centrale

⏱ **22 jours**

🧭 De **Bonn** à **Wiesbaden**

👢👢👢👢👢 ▲▲▲△△

Pour qui ? Pourquoi ?

⏱ *Pour les randonneurs qui n'ont pas peur d'accumuler kilomètres et dénivelés. Pour profiter de points de vue inoubliables sur le Rhin, l'une des voies navigables les plus fréquentées du monde.*

Inoubliable...

⏱ *Marcher à travers de fabuleux décors qui ont inspiré nombre de peintres et poètes au fil des siècles.*

⏱ *Créer un lien privilégié avec ce fleuve que les Allemands surnomment le « Père Rhin ».*

⏱ *Découvrir les splendeurs de la vallée du Haut-Rhin moyen, que l'UNESCO a classée pour la richesse de son patrimoine géologique, historique, culturel et industriel.*

Le sentier Rheinsteig : marcher l'**Allemagne** au fil du Rhin

Reconnu comme l'un des plus beaux sentiers de l'Allemagne, le Rheinsteig mène les randonneurs du somptueux massif montagneux des Siebengebirge à la fameuse vallée du Haut-Rhin moyen, en passant par les saisissants paysages de la région viticole du Rheingau. Une aventure qui se déroule au fil de l'eau, sur un peu plus du quart des 1 233 km sur lesquels s'étire le Rhin, un fleuve qui devient l'ami fidèle – et quotidien – de tous les marcheurs qui entreprennent ce merveilleux périple.

Château de Biebrich, Wiesbaden

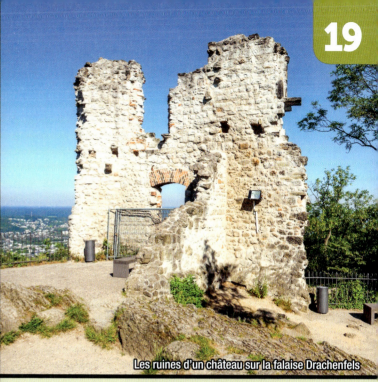

Les ruines d'un château sur la falaise Drachenfels

Le vin de la vallée du Rhin

La culture de la vigne en Allemagne témoigne d'une longue tradition. La vallée du Haut-Rhin moyen, entre Coblence et Bingen, affiche un paysage exceptionnel sculpté par les vignobles, classé au patrimoine mondial de l'UNESCO en 2002. Cette distinction motive jour après jour les viticulteurs à poursuivre leur travail sur les coteaux escarpés du Rhin, au cœur d'une région réputée notamment pour ses vins blancs à base de riesling et de pinot gris.

Sentier Rheinsteig

Jours 1 à 3

Bonn – Königswinter – Bad Honnef – Linz 🥾

La première journée de randonnée – qui débute sur la rive droite du Rhin, dans le quartier Beuel de Bonn – vous mène au bord du massif des Siebengebirge, où les points de vue sur le Rhin sont déjà spectaculaires. Vous passerez notamment par des vignobles installés sur les pentes de la colline Dollendorfer Hardt et par l'apaisante vallée Mühlental. Offrez-vous un arrêt gourmand ou alcoolisé au sommet du mont Petersberg et une première nuitée près du château de Drachenburg, à Königswinter.

Entamez votre deuxième journée de marche en explorant les ruines d'un château érigé sur la falaise Drachenfels avant de descendre vers de denses forêts, puis de remonter sur

les monts Löwenburg et Himmerich. Plus éreintante, la troisième journée vous fera traverser les contreforts sud du massif des Siebengebirge jusqu'aux falaises abruptes de la vallée du Haut-Rhin moyen avant d'arriver à la commune de Linz.

Jours 4 à 6

Linz – Dattenberg – Bad Hönningen – Hammerstein – Leutesdorf – Rengsdorf 🥾

La vallée du Haut-Rhin moyen affiche ses plus beaux atours au cours des prochaines journées de randonnée, alors que vous faites de multiples montées et descentes et marchez sur des crêtes ouvrant des panoramas sur les sommets du massif de l'Eifel. Vous traver-

serez des champs, de vastes prairies, des vignobles et des forêts en cheminant au fil du Rhin, avec des incursions dans le petit village de Dattenberg et aux ruines du château de Hammerstein. Terminez cette étape en vous éloignant du fleuve d'une dizaine de kilomètres pour passer la nuit à Rengsdorf.

Jours 7 à 9

Rengsdorf – Sayn – Vallendar – Ehrenbreitstein – Coblence 🥾

Après six journées plutôt intenses, la septième se fait douce tant pour les pieds que pour les yeux, car l'essentiel de la marche se passe sur une crête et dans la forêt qui longe le bassin de Neuwieder. Un parcours parfait pour refaire ses forces en prévision du lendemain,

Forteresse d'Ehrenbreitstein

Bonn
Königswinter
Bad Honnef
Hachenburg
Herborn
Linz
Dattenberg
Bad Hönningen
Rengsdorf
ALLEMAGNE
Braunfels
Hammerstein
Sayn
Hadamar
Weilburg
Leutesdorf
Rhin
Vallendar
Mendig
Coblence
Ehrenbreitstein
Limburg
Niederlahnstein
Braubach
Bad Camberg
Kamp-Bornhofen
Kestert
Sankt Goarshausen
Cochem
Kaub
Schlangenbad
Kiedrich
Wiesbaden
Lorch
Rhin
Main
Traben-Trarbach
Johannisberg
Simmern
Rüdesheim
Marienthal

Entre Kestert et Kaub

La Suisse et l'Europe centrale

plus ardu, avec environ 15 km à parcourir sur des chemins de terre qui grimpent et redescendent sur les collines de la vallée du Haut-Rhin moyen. Au programme du jour suivant, 10 « petits » kilomètres à franchir à travers champs et prairies, et l'occasion de visiter l'impressionnante forteresse d'Ehrenbreitstein, avec sa plateforme d'observation et son musée, puis la ville de Coblence, aux majestueuses maisons bourgeoises.

Jours 10 à 12

Coblence – Niederlahnstein – Braubach – Kamp-Bornhofen 🚶

Vous amorcez cette étape en délaissant la vallée du Haut-Rhin moyen pendant un moment pour plonger dans les forêts tranquilles des vallées de la Bienhorn et de la

Lahn. Le jour suivant s'avère court mais rude, alors que vous grimpez pour retrouver la vallée du Haut-Rhin moyen avant de descendre et d'entrer à nouveau dans les bois, puis de remonter par un chemin rocailleux (où des cordes sont installées pour vous aider) jusqu'au château Marksburg qui domine la ville de Braubach. Une des rares constructions médiévales de la région à ne pas avoir été détruite, il est classé au patrimoine de l'UNESCO. Le 12ᵉ jour se passe à nouveau en hauteur, sur la crête qui surplombe la rive du Rhin.

Jours 13 à 15

Kamp-Bornhofen – Kestert – Sankt Goarshausen – Kaub 🚶

En cette journée truffée de montées et de descentes, vous serpentez lentement dans la vallée profonde creusée il y a des

millions d'années, avec pour points d'orgue les châteaux Liebenstein et Sterrenberg, surnommés les « frères ennemis ». Le lendemain, cheminez de Kestert à l'impressionnant château Burg Maus, puis poursuivez vers les vignobles des environs de Sankt Goarshausen. Le 15ᵉ jour s'annonce plus difficile, avec 23 km d'importantes montées et descentes (700 m de dénivelé), au cours desquelles vous serez récompensé par certaines des plus belles vues de la randonnée, notamment depuis le rocher de Lorelei.

Jours 16 à 18

Kaub – Lorch – Rüdesheim – Marienthal – Johannisberg 🚶

Après le paysage montagneux de l'étape précédente, ce sont de beaux sentiers fores-

Kräutersuppe „Josefa"

*Ein Rezept aus dem historischen Kochbuch der Josefa Gosch,
Köchin auf Schloss Gleinstätten*

ZUBEREITUNG

Die Kräuter waschen und nicht zu fein hacken. Butter schmelzen lassen und mit dem Mehl zu einer lichten Einbrenn rösten. Die Kräuter darin kurz aufschäumen lassen und mit Wasser oder Rindsuppe aufgießen. Den Reis beifügen und so lange kochen lassen, bis dieser weich ist.
Mit Salz, weißem Pfeffer und Muskatnuss abschmecken.

ZUTATEN

1 l Wasser oder Rindsuppe
40 g Butter
40 g Mehl, glatt
20 g Rundkornreis, gewaschen
Salz, weißer Pfeffer
Muskatnuss

sowie nach Originaltext
Petersiel = Petersilgrün
Celergrün = Selleriegrün
Fettehen = Fette Henne (ein Gewürzkraut, das heute sehr selten verwendet wird)
Spinade = Spinat oder Mangold
Kunkelkraut = das Kraut der weißen Rüben, das im Keller auswächst, unter der Bezeichnung Rübenkraut auch heute noch auf Grazer Märkten erhältlich
Brennessl = Brennnessel
Röhrlsalat = Salat aus den jungen Blättern des Löwenzahns

Spargelcremesuppe

ZUBEREITUNG

Spargel schälen, holzige Teile entfernen und nicht zu weich kochen. In Eiswasser kurz abschrecken (beseitigt Bitterstoffe) und klein schneiden, Spitzen für die Einlage weglegen.
Butter leicht bräunen (schmeckt besser), Mehl einrühren und mit Weißwein ablöschen. Mit Spargelkochsud und Obers aufgießen. Aufkochen, die Spargelstücke einlegen und etwa 30 Minuten köcheln lassen. Suppe (am besten im Turmmixer) pürieren, abseihen und nochmals aufmixen. Mit Salz, Pfeffer, Muskatnuss und Kerbel gut abschmecken. Spargelköpfe einlegen und mit Kerbelzweigen garnieren.

TIPP: Für eine legierte Spargelsuppe wird ein Eidotter mit etwas Obers verrührt und sofort in die heiße Spargelsuppe eingerührt, aber nicht mehr aufgekocht, da sie sonst ausflockt. *Foto oben*

ZUTATEN

300 g Spargel (Suppen- oder Bruchspargel), notfalls aus der Dose
40 g Butter
20 g Mehl
2 cl Weißwein
750 ml Spargelkochsud
250 ml Schlagobers
Salz, weißer Pfeffer aus der Mühle
Muskatnuss
frischer Kerbel

Marcher les Alpes, de **Munich** à **Venise**

De **Munich** (Allemagne) à **Venise** (Italie)

Pour qui? Pourquoi?

Pour les fervents de longues randonnées qui apprécient retrouver un peu de confort pour dormir le soir. Pour passer d'une ville mythique (Munich) à une autre (Venise) en traversant à pied la

inoubliable...

Jours 19 à 21

mène d'abord au château de Vollrads puis

Wiesbaden

Une ultime journée de marche pour prendre de belles bouffées d'air frais dans la région

de 22 jours.

Transport des bagages

Château de Neuschwanstein

Refuge de Schachenhaus

Sur les traces de Louis II en Bavière

Passionné de montagne et de musique, Louis II de Bavière est omniprésent au début de cet itinéraire. Son château de Neuschwanstein, inspiration de celui de la Belle au bois dormant de Disneyland, se dresse sur les hauteurs de Füssen. À Ettal, les jardins luxuriants du château de Linderhof abritent une grotte artificielle que le roi fantaisiste fit construire autour d'un lac pour écouter un opéra de Wagner confortablement blotti dans un bateau en forme de cygne.

La solitude extrême de l'énigmatique personnage n'avait d'égale que son amour de la nature. Il aimait séjourner à son pavillon de chasse de Schachenhaus, magnifique bâtisse de 1876. Le décor austère du rez-de-chaussée contraste avec le luxe des châteaux, mais quelle surprise en montant l'escalier en colimaçon… Des colonnes de marbre encadrent l'entrée d'un vaste salon turc aux riches banquettes de velours, avec fresques recouvertes de feuilles d'or, fontaine centrale et vitraux d'où filtre une chaude lumière.

Sur le glacier de la Marmolada

Jour 1

Munich (Allemagne) 🚆 (2h) Füssen 🚌 (30 min) Neuschwanstein/ Hohenschwangau

Démarrage doux depuis Munich en train vers la cité médiévale de Füssen, puis en bus jusqu'au pays du roi Louis II de Bavière, dans les contreforts alpins. Vous y découvrez son époustouflant château de conte de fées (Neuschwanstein), puis celui d'Hohenschwangau ainsi que les lacs de Schwansee et Alpsee.

Jour 2

Hohenschwangau – Kenzenhütte 🚶

En 7h, vous grimpez gentiment de balcon en balcon dans l'ancien territoire de chasse de Louis II jusqu'aux portes du massif de l'Ammergau. Passé le refuge de Bleckenau, la présence d'aiguilles de calcaire agrémente les paysages verdoyants. Arrêt pour la nuit au refuge Kenzenhütte.

Jour 3

Kenzenhütte – Ettal 🚶

Les chamois vous accompagnent dans la montée au Lösertaljoch (1 682 m), puis au Schoinbergjoch (1764 m). Au dernier col, la vue sur la vallée de Linderhof s'ouvre avant votre descente à Ettal, un village très touristique qui abrite le château de Linderhof, le petit «Versailles» de Louis II.

Jour 4

Ettal 🚌 (20 min) Garmisch-Partenkirchen – Refuge de Schachenhaus 🚶

Après un déplacement en bus vers la ville olympique de Garmisch-Partenkirchen, au pied du Zugspitze (2 950 m), vous pénétrez au cœur du massif marquant la frontière avec le Tyrol via les gorges de la Partnach. Le «chemin du Roi», qui monte au refuge de Schachenhaus, jouxte un superbe pavillon de chasse de Louis II, perché à 1 866 m.

Jour 5

Refuge de Schachenhaus – Meilerhütte – Leutasch (Autriche) 🚶

La journée s'annonce rude (5h30 de marche, 1 850 m de dénivelé). Adieu l'Allemagne après une montée soutenue jusqu'à l'étroit col-frontière avec l'Autriche et le refuge Meilerhütte, site de rêve pour un pique-nique! La descente suivante, côté Tyrol, conduit dans la vallée de Bergleintal puis à Leutasch, où vous passerez la nuit.

Innsbruck

ALLEMAGNE

■ **Munich**

Kenzenhütte — Garmisch-Partenkirchen

Füssen — Ettal — Refuge de Schachenhaus

Neuschwanstein/ Hohenschwangau — Meilerhütte

Leutasch — Scharnitz — Refuge de Solsteinhaus

Hochzirl

Innsbruck — Krimml

AUTRICHE

Krimmler Tauernhaus

Kitzbuhel

Soelden

Predoi

SUISSE

Passo delle Erbe

Parco naturale Puez-Odle — Refuge Genova

Refuge du Passo Gardena — Refuge Boè

Glacier de la Marmolada

Trento

Belluno

Rovereto

ITALIE

Limone Sul Garda

Lac de Garde

Vicenza

Vérone — Padua — Venise — Mer Adriatique

La Suisse et l'Europe centrale

Nos conseils

Cet itinéraire impose bonne forme physique et endurance pour « avaler » 77h de marche en 14 jours, avec un dénivelé total de 9 250 m en montée et de 8 985 m en descente!

Vous devrez prendre quelques transports en commun et agencer plusieurs transferts de bagages (pour éviter de trop vous charger) pour approcher des départs des randonnées du jour. L'entreprise française de tourisme d'aventure Grand Angle (*www.grandangle. fr*) organise des randonnées avec guides ou « en liberté » sur ce circuit, incluant la réservation d'hébergement et le transport de bagages.

les alpages verdoyants mène au bas d'un grand pierrier. Vous vous hissez ensuite par de multiples lacets jusqu'au col d'Eppzirlscharte (2 072 m), avant de descendre vers le refuge de Solsteinhaus.

Jour 7

Refuge de Solsteinhaus – Hochzirl  (35 min) **Innsbruck** 🚌 (1h30) **Krimml** 🚶

La journée débute par une bonne descente jusqu'à Hochzirl, dans la vallée de l'Inn, suivie d'une courte escapade en train jusqu'à Innsbruck, la capitale du Tyrol aux façades des maisons peintes ou en trompe-l'œil. Un transfert par bus vous amène passer la nuit à Krimml.

Jour 6

Leutasch 🚌 (1h20) **Scharnitz – Refuge de Solsteinhaus** 🚶

Après un transfert par la route à Scharnitz, au pied du massif du Karwendel, la montée dans

Jour 8

Krimml – Krimmler Tauernhaus 🚶

De Krimml, un sentier grimpe le long des cascades de Krimml, qui combinent trois chutes d'une hauteur totale de 385 m, puis file dans les alpages jusqu'à une auberge typiquement tyrolienne. La Krimmler Tauernhaus est l'antre de la famille Geisler, dont plusieurs générations travaillent à la ferme comme à l'auberge depuis 1631! Faites-vous plaisir en profitant d'un après-midi libre.

Jour 9

Krimmler Tauernhaus – Predoi (Italie) 🚌 (1h30) **Passo delle Erbe** 🚶

Une bonne journée de marche avec un fort dénivelé (+ 1 120 m; -1 090 m!). Le chemin

Le Gruppo della Putia vu depuis le Passo delle Erbe

menant au col de Krimmler Tauern marque la frontière avec le Tyrol italien. Vous longez ensuite le massif du Venediger et plusieurs glaciers offrant de superbes points de vue. Un parcours en balcon précède la descente vers Predoi. En bus ou taxi, rejoignez le Passo delle Erbe.

Jour 10

Passo delle Erbe – Refuge Genova 🚶

Début de l'aventure au cœur des Dolomites! Du Passo delle Erbe, admirez le Gruppo della Putia, des aiguilles se dressant à plus de 2 000 m qui demeureront dans votre champ de vision jusqu'au col de la Putia (2 357 m). Suivez ensuite la crête pour descendre au refuge Genova (2 297 m).

Jour 11

Refuge Genova – Refuge du Passo Gardena 🚶

La longue marche du jour se fait dans un décor grandiose d'alpages, de cols et de sierra! La traversée du Parco naturale Puez-Odle mène d'abord sur de hauts plateaux bordant un canyon. Après le refuge du Puez (2 475 m), vous arrivez à un nouveau plateau, puis c'est la descente entre les aiguilles du Ci, face à ceux de la Sella, jusqu'au col Gardena (2121 m).

Jour 12

Refuge du Passo Gardena – Refuge Boè 🚶

Une bonne montée dans un monde minéral et un passage avec câbles vous attendent pour atteindre le refuge Pisciadu (2 585 m), niché entre des pics acérés. La neige est souvent présente sur le sentier qui grimpe au refuge

Boè (2 871 m), le plus haut de cette traversée. Clou du spectacle : le coucher du soleil qu'on salue en dégustant une grappa au myrte!

Jours 13 et 14

Refuge Boè – Glacier de la Marmolada 🚌 (1h40) Belluno 🚌 (2h30) Venise 🚶

À la descente du refuge Boè succède une dernière montée sur un éperon rocheux jusqu'au col Pordoï, avec les aiguilles du Gruppo della Sella pour voisins. Suit un joli sentier en balcon donnant vue sur le plus haut sommet des Dolomites, la Marmolada (3 343 m), au pied de laquelle s'étire le lac Fedaia, que vous rejoindrez. Faites ensuite un saut de puce à Venise, qui n'est qu'à quelques heures de bus et de train en passant par Belluno. Finies les montagnes, vive la mer et la cité des Doges aux multiples canaux et palais!

Îles Canaries

L'Italie, l'Espagne et le sud de l'Europe

21 **Stromboli**, à l'assaut d'un volcan actif 92

22 **Cinque Terre** : les « montagnes russes »
de la Riviera italienne 96

23 Le parc naturel de **Cabo de Gata-Níjar**,
un paradis en Méditerranée 100

24 La **Crète**, de la mer aux montagnes Blanches 104

25 La **Croatie**, dans l'intimité des lacs de **Plitvice** 108

26 **Monténégro** : les bouches de Kotor à vue d'oiseau 110

27 **Majorque** : la Serra de Tramuntana,
entre mer et montagne 112

28 **Açores** : les volcans de l'Atlantide perdue 116

29 Sur les sentiers de l'île-jardin de **Madère** 120

30 Les **Canaries**, îles du printemps éternel 124

31 **Saint-Jacques-de-Compostelle**
par les chemins de traverse 128

32 De **Porto** à **Compostelle** sur le Senda Litoral 132

Volcan Stromboli

L'Italie, l'Espagne et le sud de l'Europe

🧭 **4 jours**

🧭 De **Palerme** à **Milazzo**

👣👣👣👣👣 🔺🔺△△△

....

Pour qui ? Pourquoi ?

🧭 *L'ascension est soutenue en raison du degré d'inclinaison de la pente, et un peu vertigineuse sur la fin, mais pas techniquement difficile. Les agences déconseillent la montée avec des enfants de moins de 10 ans.*

....

Inoubliable...

🧭 *Affronter la pente raide, pas après pas, en faisant voler la cendre.*

🧭 *Dominer Stromboli et les îles Éoliennes d'un seul coup d'œil.*

🧭 *Admirer les explosions de lave qui fendent le voile de la nuit.*

Stromboli, à l'assaut d'un volcan actif

C'est l'un des volcans actifs les plus accessibles de la planète. Flottant au large de la Sicile, dans l'archipel des Éoliennes, Stromboli est une île aussi austère que belle, dont les habitants vivent en permanence sous la menace du cône majestueux qui leur sert de toit... Les écrits romains évoquaient déjà ce «phare de la Méditerranée», qui brille si souvent, la nuit, sur les eaux de la mer Tyrrhénienne. Lorsqu'il ne regimbe pas trop, on s'attaque à l'ascension de ses pentes de maquis et de cendres pour aller observer un phénomène rare : des explosions de lave presque aussi régulières qu'un métronome.

Église San Vincenzo

Explosions de lave

Le belvédère de la Sciara del Fuoco

Tout le monde n'a pas l'énergie de grimper jusqu'au sommet du Stromboli. Reste alors l'option de s'offrir une promenade en bateau le soir (2h30 à 3h aller-retour), pour observer du large les éruptions et les éclats incandescents de lave qui retombent dans le couloir naturel de la Sciara del Fuoco, formant une sorte de conduite d'évacuation du volcan jusqu'à la mer. On peut aussi s'en approcher à pied, en rejoignant le belvédère qui domine cette saignée, sans outrepasser la limite de 400 m d'altitude fixée aux randonneurs. Sans forcer, la balade par le hameau de Piscità ne prend pas plus de 1h30. Et l'on peut même admirer le spectacle des forges terrestres en dévorant une pizza sur la terrasse de L'Osservatoriò!

Italie

Jours 1 et 2

Palerme

Profitez de vos deux premiers jours en Sicile pour arpenter les divers quartiers de Palerme (Palermo), sa ville la plus importante. Ne manquez pas, entre autres, sa spectaculaire cathédrale du XIIe s., le Palazzo dei Normanni et sa chapelle palatine, l'un des monuments médiévaux les mieux conservés de l'île, et

l'imposante Fontana Pretoria, conçue pour décorer un jardin florentin, mais déménagée ici en 1581. Une excursion à Monreale, à une dizaine de kilomètres au sud-ouest de Palerme, s'avère aussi indispensable pour visiter le Duomo di Monreale (XIIe s.), dont le somptueux intérieur couvert de mosaïques byzantines sur fond d'or et le très beau cloître rappelant les cours intérieures des riches demeures arabes vous éblouiront.

Jour 3

Palerme – Cefalù – Milazzo 200 km

Faites aujourd'hui la route entre Palerme et Milazzo, d'où partent les ferrys à destination des îles Éoliennes. En chemin, arrêtez-vous à l'agréable ancien village de pêcheurs qu'est Cefalù pour en admirer le Duomo et grimper jusqu'au sommet du rocher qui le domine,

Un volcan infatigable

Voilà près de 2 500 ans que le Stromboli projette de son cratère sommital des bombes de lave incandescente, trois à sept fois par heure, jusqu'à 100 ou 200 m de hauteur. Plusieurs fois par an, il produit des éruptions «majeures», jusqu'à 500 m d'altitude. Plus rarement (tous les 5 à 10 ans) surviennent des explosions dites «paroxystiques», au cours desquelles le volcan expulse une haute colonne de cendres, des fontaines et/ou coulées de lave, comme ce fut le cas en 2002-2003, 2007, 2011, 2014 et encore à l'été 2019.

la Rocca di Cefalù, d'où vous aurez une très belle vue sur les environs.

Jour 4

Milazzo 🚢 (1h10) Ascension du Stromboli 🚢 (1h10) Milazzo 🥾

(3h de montée, 5h30 à 6h d'excursion)

Prenez ce matin une navette maritime vers l'île de Stromboli, qu'il est fort impressionnant d'apercevoir de loin. L'île apparaît comme un cône parfait, entièrement noir, bordé d'une frange de maisons blanches. Le soleil est encore haut dans le ciel lorsque les randonneurs, grosses chaussures aux pieds, bâtons

de marche en main et casque sur la tête, se retrouvent devant l'église San Vincenzo. Jolie entrée en matière : du vaste parvis, ils ont une vue splendide sur la mer parfaitement bleue et sur l'îlot volcanique du Strombolicchio, au large.

De l'autre côté, le regard toise le monstre. Le Stromboli n'est pas une mince affaire. Culminant à 926 m, l'île-volcan dresse d'emblée des pentes raides et il faut appuyer fort sur les talons pour avaler le goudron de la Via Soldato Francesco Natoli, en croisant de téméraires maisons éparses. Première pause. La végétation de «bambous», aux hautes cannes flexibles ondulant dans un vent léger, commence à céder devant le maquis méditerranéen, pauvre et revêche. Le panorama s'élargit; l'œil tente de deviner la Sicile, la botte italienne. Le chemin s'offre une parenthèse presque horizontale, avant de bifurquer violemment vers le haut. Et les semelles font bientôt voler une fine poussière

de cendres, mêlée à une sorte de sable de scories qui s'écoule sous les pas.

Les 400 m sont atteints : impossible d'aller plus haut sans guide. Les cubes blancs du village et les voiliers à l'ancre ressemblent désormais à des fourmis. L'ombre gagne peu à peu, apportant un répit face à l'Everest de cendres granuleuses qui se dresse devant. Plus un arbre, plus une broussaille ici. On s'attaque à la calotte supérieure. Le sol est meuble, instable par endroits. Les cailloux roulent et les pauses s'enchaînent au fil des lacets étroits; devant, un autre groupe peine un peu (interdit de le dépasser).

La sueur a cessé de perler sur le front lorsque, enfin, après plus de 2h30 d'efforts, la croupe du sommet se dessine. Derrière, le soleil semble près de sombrer dans la mer; le crépuscule s'installe dans un concert de borborygmes. C'est le volcan qui parle, tousse, crache derrière ses écharpes de nuages ou de fumerolles mêlés. On ne voit

Descente du Stromboli

Italie

Ustica

M e r   T y r r h é n i e n n e

Stromboli

Panarea

Filicudi   *Salina*

Alicudi

Lipari

Vulcano

Capo
d'Orlando

Milazzo

Palerme

Bagheria

Cefalù

Santo Stefano
di Camastra

Patti

Monreale

Castelbuono

**SICILE
(Italie)**

Nos conseils

Guide obligatoire

Grimper le Stromboli sans guide est interdit au-delà de 400 m d'altitude. Il faut obligatoirement s'adresser à l'une des trois agences spécialisées *(www.magmatrek.it; www.stromboliadventures.it; www.ilvulcanoapiedi.it)* pour rejoindre le sommet du volcan. Toutes partent 2h à 3h avant le coucher du soleil, pour arriver au moment où les traînées rougeoyantes de la lave commencent à se détacher sur l'écran noircissant de la nuit tombante. Le retour se fait de nuit, à la lumière des lampes frontales (environ 1h30)!

Spectacle (presque) garanti

Si les explosions de lave du Stromboli sont réputées pour leur régularité, le volcan connaît aussi des périodes d'accalmies, qui annoncent d'ailleurs en général une activité plus soutenue. Mieux vaut bien se renseigner auprès des agences.

Voies alternatives

Deux autres voies d'ascension au Stromboli (plus longues) sont autorisées, l'une longeant le couloir de dégagement de la Sciara del Fuoco, l'autre partant du village de Ginostra. Dans les deux cas, il faut contracter les services d'un guide privé.

Autres randonnées dans la région

Cet itinéraire peut être combiné à ceux de Cinque Terre (voir p. 96) et de la Corse (voir p. 46, 50).

d'abord rien. Pour avancer, il faut attendre que les précédents aient profité du spectacle.

L'œil cherche, trouve une lueur rougeoyante dans l'obscurité qui s'étend. Les nuées virevoltent et quelques frissons courent maintenant sur l'échine. Puis, soudain, une gerbe de lave incandescente déchire le noir du ciel. Trois secondes merveilleuses. D'autres explosions suivent, plus ou moins intenses. Puis, après une demi-heure de spectacle, vient le moment de redescendre, lampe frontale allumée. Mieux vaut espérer qu'il ait plu récemment – les nuages de poussière de cendres sont alors moins volatiles.

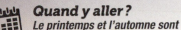

Quand y aller ?
Le printemps et l'automne sont les meilleures saisons pour marcher, sans la chaleur intense de l'été et les nombreux touristes qui visitent les villages; au printemps, les fleurs parfument la garrigue tandis qu'à l'automne, les vignes rougissent et c'est le temps béni des vendanges.

Riomaggiore

8 jours

De **Levanto** à **Porto Venere**

Pour qui? Pourquoi?

Pour ceux qui aiment les courtes randonnées tout autant que les longues, plus exigeantes; pour profiter des charmants villages en bordure de mer, des vins et autres produits du terroir ligure.

Inoubliable...

Marcher à l'ombre des oliviers de Vernazza à Corniglia.

Se gorger du coucher du soleil illuminant les maisons de Riomaggiore.

Plonger dans une crique de rêve à Porto Venere.

Cinque Terre :
les « montagnes russes » de la Riviera italienne

Randonner à flanc de falaise entre mer Méditerranée et montagne, grimper en pente raide du bord de l'eau à la crête des monts de Ligurie pour mieux redescendre dans un décor de vignes en terrasses vers des villages colorés, nichés dans une crique ou en surplomb de l'océan : c'est la promesse de cet itinéraire de marche paradisiaque sur la Riviera du Levant, à l'est de Gênes. Les trois quarts du parcours se déroulent au cœur du parc national des Cinque Terre, un bijou inscrit au patrimoine de l'UNESCO et sillonné de 120 km de sentiers pédestres.

Vernazza

Monterosso al Mare

Longue randonnée en Ligurie

Les 48 sentiers pédestres du parc national des Cinque Terre ne sont qu'une petite partie (bien que l'une des plus belles) des parcours au long cours qui le traversent ou transitent par son arrière-pays. C'est le cas de l'Alta Via dei Monti Liguri qui unit ainsi, sur plus de 400 km, les extrémités de la Ligurie, de Vintimille à Ceparana, proche de La Spezia. À la hauteur du parc national, il passe par l'apogée des montagnes, à une quinzaine de kilomètres du littoral.

L'Alta Via delle Cinque Terre, qui se déroule presque entièrement dans le parc des Cinque Terre, relie pour sa part Levanto à Porto Venere sur 38 km en suivant la crête la plus proche de la mer, au-dessus du sentier Azzurro. Un autre superbe sentier de randonnée, l'Alta Via del Golfo, fait le tour du golfe de La Spezia, de Porto Venere à Bocca di Magra, sur près de 50 km.

Jour 1

Levanto – Monterosso al Mare 🥾

Cette section de 7 km du sentier Alta Via delle Cinque Terre (marquage rouge) débute près du château médiéval de Levanto. Son tracé parcourt vignes et vergers, garrigue et pinède, en offrant des points de vue inusités sur le littoral et ses criques avant de mener au promontoire de la Punta Mesco, d'où l'on aperçoit les cinq villages des Cinque Terre en enfilade. Quittez ensuite le sentier «rouge» pour emprunter le sentier Azzurro (marqué en bleu, comme son nom l'indique) vers Monterosso al Mare.

Jours 2 et 3

Monterosso al Mare – Sanctuaire Madonna di Soviore – Monterosso al Mare – Vernazza 🥾

À la station balnéaire de Monterosso al Mare, visitez la vieille ville, puis montez sur 7 km (avec 460 m de dénivelé) jusqu'au sanctuaire Madonna di Soviore, l'un des cinq de la région dédiés à la Vierge Marie. Il constitue un formidable belvédère sur la Méditerranée! Redescendez à Monterosso al Mare où vous passerez la nuit. Le lendemain, reprenez le sentier Azzurro jusqu'à Vernazza, une marche de 2h à flanc de montagne.

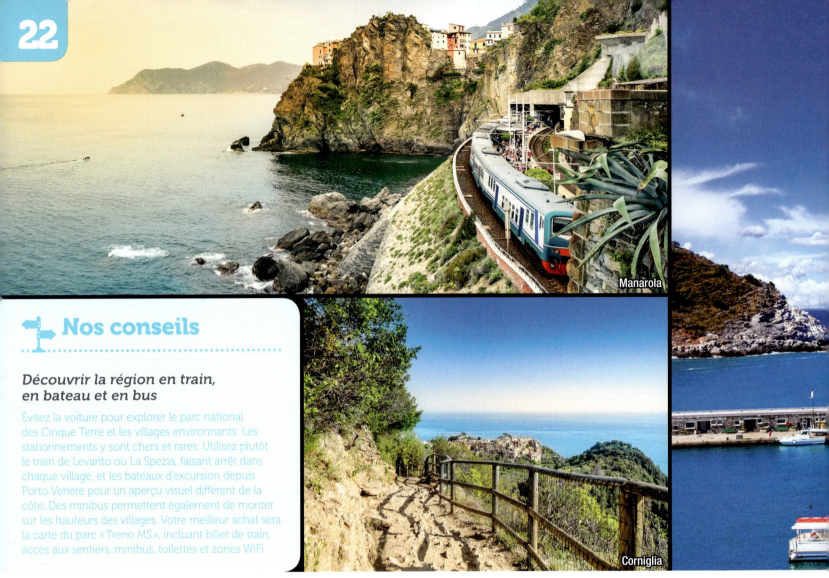

Manarola

Corniglia

Nos conseils

Découvrir la région en train, en bateau et en bus

Évitez la voiture pour explorer le parc national des Cinque Terre et les villages environnants. Les stationnements y sont chers et rares. Utilisez plutôt le train de Levanto ou La Spezia, faisant arrêt dans chaque village, et les bateaux d'excursion depuis Porto Venere pour un aperçu visuel différent de la côte. Des minibus permettent également de monter sur les hauteurs des villages. Votre meilleur achat sera la carte du parc « Treno MS », incluant billet de train, accès aux sentiers, minibus, toilettes et zones WiFi.

Jour 4

Vernazza – Corniglia 🥾

Au fond d'une petite baie, les bâtiments colorés de Vernazza s'étagent sur le roc. Un sentier difficile grimpe sur 3 km jusqu'à Foce Dignana, révélant une vue splendide sur la vallée de Vernazza. Au sanctuaire de la Madonna di Reggio, admirez « l'Africaine », la Vierge noire. À proximité s'amorce un sentier menant au mont Malpertuso, le plus haut sommet des Cinque Terre. Vous pouvez poursuivre par le sentier haut vers Corniglia, ou redescendre à Vernazza et retrouver le sentier Azzurro pour vous y rendre. Au programme : longue montée sur marches de pierre, puis descente et superbes échappées visuelles sur la mer.

Jour 5

Corniglia – Manarola 🥾

Perché sur un promontoire, Corniglia dégage un charme très particulier. Découvrez ses ruelles tortueuses, sa lumineuse église San Pietro et les vestiges des fortifications génoises avant de descendre au port par un escalier de 380 marches. Le sentier vers Manarola file ensuite en surplomb de la côte.

Jour 6

Manarola – Volastra – Sanctuaire Nostra Signora della Salute – Riomaggiore 🥾

Au minuscule port de Manarola, les coques des bateaux et façades des maisons-tours serrées sur une butte forment une véritable aquarelle! Perdez-vous dans un labyrinthe de ruelles et voyez l'arrière du village, cerné de vignes en terrasses, avant d'atteindre le village perché de Volastra, 1 km plus loin. Montez au sanctuaire Nostra Signora della Salute, suivez la Via dei Santuari (conduisant de sanctuaire en sanctuaire sur les hauteurs), puis redescendez vers Riomaggiore.

Jour 7

Riomaggiore – Biassa – Porto Venere 🥾

Riomaggiore s'étire le long d'un torrent. De la gare, la Via Telemaco Signorini s'élève jusqu'en haut du village, d'où s'ouvre une vue incomparable au coucher du soleil. Le sentier Azzurro grimpe au sanctuaire de Montenero et à Biassa, il rejoint l'Alta Via delle

Porto Venere

Cinque Terre qui conduit à Porto Venere en 8 km. Cette section magnifique passe par le sommet de Santa Croce, puis redescend à la mer dans un panorama grandiose : l'enfilade des caps des Cinque Terre, mais aussi les îles Palmaria et del Tino. Passé Campiglia, la descente mène aux fortifications du château qui dominent Porto Venere.

Jour 8

Porto Venere

Le sentier finit à Porto Venere, « sixième perle » de la région, même si le village touristique ne se trouve pas dans le parc national des Cinque Terre. Ses maisons-tours colorées s'étagent en bordure du quai et du golfe de La Spezia. Sur la pointe se dresse une église génoise, jouxtant une jolie crique et une grotte impressionnante.

Catornola •   Bracelli •

            Canevolivo •

Pignone •   Tivegna •

Levanto ■   Sanctuaire
                 Madonna di
                 Soviore   Corvara •

                                    Polverara •

                                ITALIE

                                    Valdurasca •

Monterosso
al Mare   Pianazza •

    Vernazza
                    Volastra/Sanctuaire
                    Nostra Signora della Salutc
    Corniglia
            Manarola   La Spezia •

    Riomaggiore   Biassa
                                    Marola •   *Golfe de*
                                                La Spezia
                                        Fezzano •
Mer de Ligurie
                            Campiglia •
                                            Le Grazie •

        Porto Venere •

            Îles Palmaria/
            Parco Naturale
            Regionale di Porto Venere

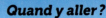

Quand y aller ?
On peut se rendre dans cette région toute l'année, mais évitez si possible l'été et ses chaleurs suffocantes. Privilégiez les intersaisons (mi-avril à fin mai et mi-septembre à fin octobre) pour des températures plus clémentes.

Parc naturel de Cabo de Gata-Níjar

🧭 **4 jours**

🧭 De **San Miguel de Cabo de Gata** à **Agua Amarga**

L'Italie, l'Espagne et le sud de l'Europe

Pour qui ? Pourquoi ?

🧭 *Pour les amoureux du soleil et des baignades, pour découvrir une région méditerranéenne sauvage et méconnue, aux grandes étendues arides hérissées de cactus et aux plages idylliques.*

Inoubliable…

🧭 *S'émerveiller devant la beauté faramineuse de ce paysage volcanique où les plages paradisiaques de sable fin côtoient une mer de cristal.*

🧭 *Savourer de succulents poissons grillés dans l'un des restaurants de rivage.*

🧭 *Vivre l'expérience voluptueuse de se baigner au coucher du soleil dans une mer tiède.*

🧭 *Rencontrer un mérou lors d'une initiation à la plongée au large de Las Negras.*

Le parc naturel de **Cabo de Gata-Níjar**, un paradis en Méditerranée

Aux confins orientaux de l'Andalousie, le parc naturel Cabo de Gata-Níjar fait figure d'exception en Europe. Alors que la côte méditerranéenne est livrée en pâture au tourisme de masse, l'UNESCO y a préservé près de 500 km^2 de plages, de montagnes volcaniques, de dunes et de prodigieux milieux marins à titre de réserve de la biosphère. Pour explorer ce trésor, un sentier d'un peu plus de 60 km longe le littoral dans un paysage minéral fascinant. Sous un soleil vigoureux, vous marcherez à la découverte de ce patrimoine aride unique en alternant baignades et dégustations de poissons grillés sur des rivages paradisiaques, les yeux perdus dans l'azur.

San José

Sur la côte méditerranéenne au cœur du parc

Playa El Playazo, Rodalquilar

Jour 1

San Miguel de Cabo de Gata – San José 🚶

Une marche d'une vingtaine de kilomètres vous attend au départ de San Miguel, une petite bourgade balnéaire aux maisons à toits plats. Le début longe la route, mais vous pourrez rapidement entrer dans les marais salants. Attention, le sentier n'est pas clairement indiqué. Après les marais, le décor se transforme en devenant beaucoup plus désertique, avec cactus et rocaille rougeoyante. À partir du 12ᵉ kilomètre, le sentier grimpe le long de la côte pour révéler de belles petites criques abandonnées et des rochers jaillissant des flots. Puis, c'est la descente vers San José, un village à l'architecture pittoresque, d'un blanc immaculé,

dans les ruelles duquel il fait bon flâner en explorant les possibilités d'hébergement et les excellents petits restaurants.

Jour 2

San José – La Isleta del Moro 🚶

Un peu moins de 15 km à parcourir aujourd'hui sur un sentier caillouteux, en plein désert. Quittez San José par le nord pour grimper assez rapidement à une centaine de mètres au-dessus du niveau de la mer. La vue est superbe, avec le village blanc de San José qui se détache du paysage austère. Le parcours montagneux ne présente pas de difficulté. Les dômes de lave érodés créent un décor typiquement volcanique avec, au loin, le hameau laiteux de La Isleta del Moro qui semble entrer dans la mer.

Jour 3

La Isleta del Moro – Rodalquilar – Las Negras 🚶

Une randonnée de 15 km figure au programme de la journée. L'itinéraire se poursuit avec une nouvelle incursion vers les hauteurs, dans une solitude aussi désertique que spectaculaire. La région a connu une relative prospérité jusque dans les années 1960 grâce au secteur minier. Le long du trajet, impossible que vous ne remarquiez pas l'immense plage qui se dessine sous vos yeux ébahis, la superbe Playa El Playazo du petit village de Rodalquilar. C'est le moment de piquer une tête avant d'arriver à la Las Negras, un autre village blanc.

Espagne

Désert du parc naturel de Cabo de Gata-Níjar

Un haut lieu de la plongée

La Méditerranée fait partie intégrante du parc naturel de Cabo de Gata-Níjar, 120 km² du domaine maritime qui le longent y étant assimilés. La faune et la flore prospèrent dans une eau limpide offrant une visibilité de plusieurs dizaines de mètres. Imaginez d'immenses herbiers de posidonie ondulant à l'infini, des milliers de poissons multicolores, des mérous énormes, des murènes, des requins et même des dauphins! Une demi-douzaine d'écoles de plongée peuvent vous équiper de la tête aux pieds et vous former. Si la plongée est trop extrême pour vous, un masque et un tuba suffiront pour profiter de cet environnement unique.

Jour 4

Las Negras – Cala San Pedro – Agua Amarga

Quittez Las Negras et la côte pour rentrer dans les terres sans quitter la mer des yeux. Vous franchirez plusieurs kilomètres dans un désert absolument aride, quasi dénué de végétation. Vous retrouverez le bord de mer en arrivant à la plage de Cala San Pedro, un magnifique lieu perdu, qui semble hors du temps. Puis, vous repartirez dans le désert et atteindrez le point culminant de cette randonnée, à pratiquement 250 m d'altitude, où des promontoires naturels offrent des points de vue spectaculaires. Prenez garde en vous approchant. Voici l'arrivée, Agua Amarga, une petite station touristique animée, mais néanmoins plaisante.

La Isleta del Moro

ESPAGNE

Níjar

Campohermoso

Fernán Pérez

El Viso

Retamar

Parc naturel de Cabo de Gata-Níjar

Agua Amarga

Cala San Pedro

Las Negras

Rodalquilar/ Playa El Playazo

La Isleta del Moro

San Miguel de Cabo de Gata

Golfe d'Almérie

San José

Mer Méditerranée

🚏 Nos conseils

À emporter avec vous

Portez toujours un couvre-chef et des vêtements amples de couleur claire et assurez-vous de transporter suffisamment d'eau. Il fait très chaud dans cette région côtière de l'Andalousie et la période estivale est une véritable fournaise. Veillez aussi à emporter une trousse complète de premiers soins, car les pharmacies sont rares dans le secteur.

Munissez-vous de cartes topographiques et de guides spécifiques, car même localement, il n'est pas évident d'obtenir toutes les informations voulues.

Se loger

Les lieux d'hébergement sont essentiellement situés aux abords des villages étapes et peuvent être complets en été. Vous aurez moins de mal à vous loger hors saison, mais réservez tout de même puisque des excursionnistes qui participent à des voyages organisés en autocar sont susceptibles de débarquer.

Espagne

Quand y aller ?

En mai, juin, septembre et octobre si vous voulez éviter la chaleur intense et les foules sur les plages, les routes et certains sentiers, tout autant que dans les grands sites touristiques.

Gorges de Samaria

10 jours

Boucle au départ de **La Canée (Chaniá)**

Pour qui ? Pourquoi ?

Pour ne pas avoir à choisir entre mer et montagne; pour les amants de randonnées d'un jour plus ou moins ardues et pour les montagnards épicuriens.

Inoubliable…

Traverser les gorges de Samaria de bord en bord.

Passer sous une arche naturelle de 10 m durant l'ascension du mont Gingilos.

Visiter le site archéologique de Lissos.

Marcher dans un décor de rêve en approchant la presqu'île d'Elafonissi.

La **Crète**, de la mer aux montagnes Blanches

Bienvenue dans l'ouest de la plus grande île de Grèce! La Crète y offre des paysages ultra-variés pour la randonnée : des sentiers côtiers menant à de petites criques cachées et des plages de rêve où la baignade est de rigueur; des montagnes arides à grimper et des gorges sauvages et vertigineuses à traverser… Chaque jour, on fait arrêt dans des petits villages et ports pittoresques où il fait bon goûter à la cuisine crétoise. Point d'orgue : le massif des montagnes Blanches, qui doit son nom à la couleur de ses pierriers, que vous verrez de très près.

L'ouest de la Crète regorge de sentiers! Les vieux chemins pavés (*kalderimia*) encore existants étaient utilisés, souvent avec des mules, pour circuler entre les villages, vers les alpages, les monastères ou forteresses. De nombreux autres sentiers de montagne, des pistes côtières ou empruntant des gorges, sont balisés, mais les marques ou panneaux ne sont pas toujours entretenus. Une carte et une boussole s'avèrent des outils essentiels. Le tronçon du sentier européen de grande randonnée E4 dans cette région de la Crète oscille pour sa part entre niveau de la mer et haut de falaises. Il se divise en deux à Sougia, avec un itinéraire côtier et l'autre en montagne, qui se rejoignent près d'Imbros.

Les refuges sont peu nombreux. Dans les montagnes Blanches, le refuge Kallergi, avec restaurant, est accessible depuis Xyloskalo. Celui de Volikas se trouve au nord du massif, tandis que le refuge Katsiveli est le point de départ de l'ascension du mont Pachnes.

La Canée

Monastère d'Agia Triada, presqu'île d'Akrotiri

Jours 1 et 2

La Canée – Presqu'île d'Akrotiri – La Canée 🚶

Explorez la vieille ville de La Canée (aussi appelée Chaniá), puis partez sur la presqu'île d'Akrotiri. Voyez le monastère d'Agia Triada (XVIIᵉ s.) et son musée d'icônes, sur la route d'accès au monastère de Gouverneto. Traversez le jardin du monastère fortifié et découvrez la mer Égée! Descendez à la grotte d'Arkoudiotissa, puis au monastère Katholico, accroché au roc. La grotte de saint Jean l'Ermite se visite à la lampe frontale avant de faire demi-tour pour revenir à La Canée.

Jour 3

La Canée 🚌 (1h45) Sfakia – Loutro 🚶

Un bus descend de La Canée à Sfakia en longeant les montagnes Blanches. Troquez ainsi la mer Égée pour la mer de Libye! À Sfakia, un sentier en balcon passe par la plage de Glyconera, puis atteint le village côtier de Loutro.

Jour 4

Loutro – Agia Roumeli 🚶

Classique du littoral crétois méridional, cet itinéraire de 5h passe au pied de montagnes verticales. De Loutro, le sentier grimpe vers une forteresse vénitienne, longe la baie de Finix et rejoint l'embouchure de la gorge d'Aradena (qui vaut la peine d'être explorée, en ajoutant un jour à cet itinéraire). Un cap découvre la baie d'Agia Roumeli. À l'ombre de pins d'Alep, progressez jusqu'à la chapelle byzantine d'Agios Pavlov, puis sur la côte, et dépassez l'embouchure de la rivière Samaria avant d'arriver à Agia Roumeli.

Jour 5

Agia Roumeli – Samaria – Xyloskalo 🚶

Entamez la montée de la gorge de Samaria (6h), exigeante en deuxième moitié. Après l'entrée du parc national de Samaria, des passerelles enjambent la rivière du même nom. La gorge se rétrécit aux Sideroportes, avec des parois de 400 m. Poursuivez à l'ombre du canyon. La horde des randonneurs en descente vous rattrapera sûrement à Samaria… Montez à la chapelle d'Agios Nikolaos, dominée par de vieux cyprès, et poursuivez par des lacets en forêt vers la sortie de la gorge. Profitez de la vue sur le mont Gingilos avant de terminer votre randonnée à Xyloskalo.

Grèce

Agia Roumeli

Plage d'Elafonissi

Site archéologique de Lissos

Jour 6

Xyloskalo – Mont Gingilos – Xyloskalo 🥾

«Sentinelle» des gorges de Samaria, le mont Gingilos est aussi très fréquenté; comptez 6h aller-retour (dénivelé de 850 m, positif comme négatif) pour le conquérir. De Xyloskalo, le sentier E4 suit un bon raidillon qui conduit jusqu'à 1 461 m d'altitude. Passez sous le Xepitiras (arche naturelle de 10 m). Votre montée au col d'Afchenas (1 706 m) sera récompensée par la vue sur une gorge et la mer de Libye. Grimpez encore sur des dalles vers une pyramide pierreuse, puis au sommet (2 080 m) du mont Gingilos, d'où vous verrez le plateau d'Omalos, plusieurs sommets de 2 000 m et le Pachnes, deuxième point culminant de la Crète (2 453m).

Jour 7

Xyloskalo – Agia Irini – Sougia 🥾

Prenez un taxi pour rejoindre le point de départ du sentier de 7 km dans les gorges d'Agia Irini. La descente en 4h longe ou traverse la rivière fréquemment, passe par des goulets et sous des rochers en surplomb. Vous déboucherez dans une oliveraie. Une petite route (5 km) vous mènera ensuite au port de Sougia.

Jour 8

Sougia – Lissos – Paleóchora 🥾

Une nouvelle gorge et un site archéologique vous attendent, en 5-6h de marche. L'entrée de la gorge de Lissos se trouve au bout de la plage de Sougia. L'E4 serpente entre gros rochers et passages étroits jusqu'à sa sortie. Il grimpe alors sur un plateau offrant une vue sur la baie de Lissos. La descente en lacets aboutit au site archéologique éponyme. Voyez le temple d'Asclépios, datant du IIIᵉ s. avant notre ère. Un sentier descend vers la plage d'Agios Kyrialos, providentielle pour nager. Revenez sur l'E4 qui remonte sur un plateau, puis descend vers la côte, aboutissant à une route qui mène à Paleóchora.

Jour 9

Paleóchora – Krios – Elafonissi 🥾

Entamez cette randonnée côtière (3h30) sur l'E4 depuis la plage de Krios, joignable en taxi. Escaladez un éperon et d'autres rochers. Une piste facile passe ensuite par le cap Krios, d'où vous verrez la presqu'île d'Elafonissi et sa baie magnifique. Rejoignez la chapelle d'Agios Ioannis. Le sentier descend, longe

Loutro

Nos conseils

Cet itinéraire a été conçu sans voiture et avec un minimum de déplacements. Prenez les bus locaux, un traversier et quelques taxis pour de courts trajets afin de vous rendre aux départs des randonnées et voyagez léger en profitant des hébergements chez l'habitant. Marchez tôt le matin si possible, avant que la chaleur ne se réverbère sur les roches, et emportez beaucoup d'eau en été!

Le parc national de Samaria ouvre du 1er mai jusqu'au 15 octobre, mais la gorge de Samaria est parfois accessible du 15 avril au 1er novembre.

Grèce

une plage déserte, puis une autre bordée de pins. L'E4 traverse ensuite une forêt et croise plusieurs plages; baignez-vous avant celle d'Elafonissi, très courue, comme le village qui se trouve à 1,5 km au-dessus!

Jour 10

Elafonissi  (2h20)
La Canée
Rentrez à La Canée en bus.

Quand y aller?
À la belle saison, sous le soleil, idéalement en mai et juin, lorsque l'eau est abondante et la foule un peu moins compacte. L'hiver, certains secteurs peuvent être inaccessibles; restaurants et lieux d'hébergement sont alors presque tous fermés.

Parc national des lacs de Plitvice

6 jours

De **Dubrovnik** au **parc national des lacs de Plitvice**

L'Italie, l'Espagne et le sud de l'Europe

Pour qui ? Pourquoi ?

Les petits marcheurs privilégient les itinéraires plus courts (à compter de 3,5 km, de 2h à 3h de marche), les randonneurs aguerris les plus longs circuits, comme la boucle K (18,3 km, 6h à 8h de marche).

Inoubliable…

S'émerveiller de la panoplie de couleurs intensément lumineuses des lacs.

Se laisser bercer par le doux bruissement de l'eau qui s'écoule de rivière en lac, de lac en cascatelle, de cascatelle en bassin…

La **Croatie,** dans l'intimité des lacs de **Plitvice**

La Croatie en a fait son emblème. Au cœur d'un pays sauvage, accidenté et boisé, rus et torrents gargouillants, enveloppés d'un écrin de végétation touffue, dévalent au fil de la pente, de palier en palier, de lac émeraude en lac couleur lagon. Partout, le murmure de l'eau résonne, au gré d'innombrables cascatelles, cascades et chutes, que l'on franchit d'un pas alerte (et sec!) grâce à un dense réseau de sentiers et de passerelles en bois. Le lieu, magique, s'inscrit dans le plus grand parc national du pays (300 km^2), classé au patrimoine mondial de l'UNESCO.

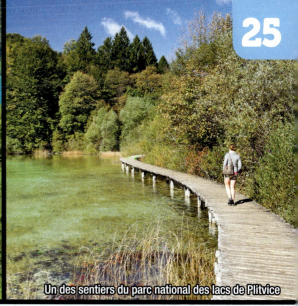

Kozjak Jezera

Un des sentiers du parc national des lacs de Plitvice

Les chutes de Sastavci

 Nos conseils

Accès

Trois entrées permettent d'accéder au parc national des lacs de Plitvice : la n° 1 (Nord, Lacs inférieurs), la n° 2 (Sud, Lacs supérieurs) et la proche Station Flora.

Réservation obligatoire

En saison, il faut réserver son billet d'entrée au site du parc national *(www. np-plitvicka-jezera.hr/fr)* en raison du quota de visiteurs. Le tarif varie en fonction de la saison; de juin à septembre, il est moins cher après 16h (15h en septembre). On peut aussi télécharger l'application mobile qui présente les différents itinéraires.

Pour compléter votre aventure

Cet itinéraire peut être combiné à celui des bouches de Kotor au Monténégro (voir p. 110).

Jours 1 et 2

Dubrovnik 🥾

Inscrite au patrimoine mondial de l'UNESCO, la cité historique fortifiée de Dubrovnik se révèle exceptionnelle. Il ne faut pas manquer d'en faire le tour par ses remparts, une randonnée de 2 km qui réserve des points de vue spectaculaires sur la ville et la mer. Visitez aussi les monastères franciscain et dominicain, de même que le fort Lovrijenac (XIVe et XVe s.), et accédez au mont Sud par téléphérique, pour contempler d'autres panoramas inoubliables.

Jours 3 et 4

Dubrovnik – Split

Split marque le point de départ d'un incroyable voyage dans le temps, de l'Empire romain à aujourd'hui, en passant par la période de la présence vénitienne. Le palais de Dioclétien (fin du IIIe s.) renferme de fabuleux vestiges de ces époques incluant un péristyle romain et la cathédrale Saint-Domnius, la plus petite au monde, aménagée à compter du VIIe s. dans l'ancien mausolée de l'empereur Dioclétien. Fascinant!

Jours 5 et 6

Split – Parc national des lacs de Plitvice 🥾

Faites le trajet entre Split et le parc national des lacs de Plitvice pour pouvoir commencer à l'explorer dès son ouverture le lendemain matin. Ce n'est pas un, mais sept itinéraires qu'offre le parc. Lequel choisir? Tout dépend de sa forme et de son envie de marche. Les sentiers les plus courts (A, B, F), oscillant entre 3,5 km et 4,6 km, se concentrent autour des quatre Lacs inférieurs, nichés dans une large gorge dont on suit de près les rives rocheuses. Au bout, les chutes de Sastavci, tantôt discrètes, tantôt tonitruantes, donnent majestueusement naissance à la rivière Korana. Si l'on dispose de plus de temps, mieux vaut privilégier l'un des parcours intégrant aussi les 12 Lacs supérieurs (C, H, K; 8 km à 18,3 km), les plus nombreux et les plus vastes. On ne s'y baigne pas, mais on y déambule en toute poésie, dans une symphonie de verts et de bleus, de forêt et d'eau, bruissant comme mille sources. L'itinéraire E (5,1 km) se consacre aux seuls Lacs supérieurs. Pour passer d'un côté à l'autre, on longe doucement les berges du Kozjak Jezera, le plus grand des 16 lacs du parc, ou l'on saute dans l'un des petits bateaux électriques qui le traversent gratuitement.

Croatie

Les bouches de Kotor

L'Italie, l'Espagne et le sud de l'Europe

3 jours

Boucle au départ de Kotor

Pour qui ? Pourquoi ?

Mieux vaut aimer la pente pour randonner dans les bouches de Kotor! Peu de plat ici, on ne fait guère que monter puis redescendre. Seul but : découvrir les panoramas.

Inoubliable…

Tel l'oiseau, s'élever rapidement sur les flancs de la Boka Kotorska.

Cheminer de cyprès en chapelles, de chapelles en remparts oubliés.

Rester bouche bée devant les panoramas sur la baie que dévoilent les hauteurs.

Monténégro :
les bouches de Kotor à vue d'oiseau

Si la Boka Kotorska (« baie de Kotor », plus communément « bouches de Kotor » en français) a l'apparence d'un fjord, il s'agit plutôt d'un canyon profond, noyé par la montée du niveau des mers. L'Adriatique s'y est frayé un chemin tortueux, au cœur de l'enchevêtrement de sommets calcaires des Balkans. Deux mondes entrent ici en collision : slave sur les hauteurs, vénitien sur le littoral, contrôlé des siècles durant par les vaisseaux de la Sérénissime, comme en témoignent la ville classée de Kotor et les petits ports. Ici la roche et le maquis, là les cyprès et l'eau claire. De l'un à l'autre s'élancent quelques sentes aux raidillons abrupts.

Cathédrale Saint-Tryphon

Forteresse Saint-Jean

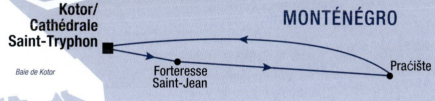

Kotor/
Cathédrale
Saint-Tryphon

Baie de Kotor

MONTÉNÉGRO

Forteresse
Saint-Jean

Praćište

Jours 1 à 3

Kotor – Forteresse Saint-Jean – Praćište – Kotor 🚶

Prévoyez deux jours pour visiter les attraits de la ville de Kotor et ses environs (voir l'encadré « Nos conseils »). Pour entamer votre randonnée, il faut trouver les marches cachées derrière la vieille cathédrale Saint-Tryphon. Le sentier, d'emblée raide, emprunte une rampe gravissant à grand renfort d'épingles à cheveux le flanc de la montagne qui écrase Kotor. Des cyprès se dressent en sentinelles, laissant échapper des points de vue sur la pierre blanche et les toits de tuiles rouges.

Puis, de la chapelle Notre-Dame-du-Salut, les bouches de Kotor apparaissent, dans leur corset de montagnes. Une bonne demi-heure plus tard, on atteint la puissante forteresse Saint-Jean (Sveti Ivan), soudée au rocher, à 260 m au-dessus de la cité. Spectacle fabuleux garanti.

Un simple trou dans une muraille de la forteresse permet d'accéder au chemin de la chapelle Saint-Jean pour retrouver peu après le tracé de l'échelle de Kotor. On peut redescendre en ville par cet autre sentier alignant en tout 72 épingles à cheveux, ou continuer de le gravir en direction du lieu-dit Praćište (620 m) pour profiter de panoramas de plus en plus grandioses. C'était, jadis, l'unique voie d'accès à l'ancienne capitale, Cetinje.

🪧 Nos conseils

Visiter le secteur

La vieille ville de Kotor, encore enchâssée dans ses remparts vénitiens, a été classée au patrimoine mondial de l'UNESCO. Prenez le temps de la visiter, de même que les charmants petits ports de la Boka Kotorska. De Perast aux nombreuses maisons de capitaines, on embarque pour rejoindre l'église Notre-Dame-du-Rocher, posée sur son îlot artificiel.

Partir tôt

En été, mieux vaut entreprendre sa randonnée tôt, avant que la chaleur ne s'impose. La montée, sans guère d'ombre, est harassante sous le soleil. Le matin, on bénéficie en outre d'une meilleure luminosité pour photographier les bouches de Kotor.

Poursuivre son chemin

Les randonneurs aguerris peuvent envisager de poursuivre au-delà de Praćište. Le sentier, embaumé par l'odeur du thym sauvage, puis celle des pins, rejoint à 940 m d'altitude la route moderne de Cetinje et du mont Lovćen, un autre incontournable, où repose le prince-évêque Petar II Petrović-Njegoš dans un mausolée grandiloquent.

Monténégro

Oliviers dans la Serra de Tramuntana

5 jours

D'**Estellencs** à **Pollença**

L'Italie, l'Espagne et le sud de l'Europe

Pour qui ? Pourquoi ?

Pour les amateurs de randonnée aguerris, rêvant de marches spectaculaires entre mer et montagnes, dans une sorte de paradis perdu méditerranéen. Les marcheurs occasionnels se contenteront d'une des étapes les plus faciles.

Inoubliable…

- *Se laisser éblouir par les époustouflants paysages de falaises et les panoramas sur la Méditerranée.*
- *Respirer le charme bucolique des anciens vergers encore cultivés, des orangers, des palmiers et des bois de chêne.*
- *Profiter de la douceur du climat.*
- *Se laisser bercer par le glouglou des fontaines et des chenaux d'irrigation.*

Majorque : la Serra de Tramuntana, entre mer et montagne

L a Ruta de Pedra en Sec (chemin de la pierre sèche, en catalan), désignée GR 221, s'est donné une mission : parcourir d'un bout à l'autre la Serra de Tramuntana, la chaîne de montagnes qui se déverse majestueusement en Méditerranée, sur la façade ouest de l'île de Majorque, aux Baléares. À ses pieds : falaises homériques et criques sauvages. L'itinéraire emprunte pour l'essentiel de vieux chemins agricoles et muletiers bordés de murets de pierre, d'oliveraies, de vignobles et de vergers. De loin en loin, petits ports, vénérables monastères et charmants villages de pierre enturbannés de fleurs offrent leurs refuges, gîtes d'étape ou maisons d'hôtes.

Valldemosa

Granja

Serra de Tramuntana

Jour 1

Estellencs – Banyalbufar – Granja – Esporles 🚶

La première étape n'est pas la plus longue (14,4 km), mais elle grimpe déjà passablement (dénivelé de 631 m) et compte, d'emblée, parmi les plus spectaculaires. Partant d'Estellencs, on marche au flanc d'une montagne prête à sombrer dans la Méditerranée, piquetée de bois de pins et entaillée de mille terrasses où prospèrent sans vertige vignes et oliviers. Banyalbufar, au nom d'origine arabe, s'agrippe de même depuis 10 bons siècles au précipice, les yeux sur la grande bleue, traçant à flanc de coteau son unique rue centrale, d'où divergent quelques raidillons. À Esporles, après une bonne grimpette, on retrouve un peu de plat et un cours planté de platanes aux élans très provençaux. Juste avant, la fascinante Granja, devenue musée artisanal, résume un millénaire d'histoire dans une ferme alliant fontaine et loggia florentine.

Jour 2

Esporles – Valldemosa – Deià – Cap Gros 🚶

L'escale, rejointe en bus, est fameuse : à Valldemosa, la vieille chartreuse accueillit George Sand et Frédéric Chopin lors de leur exil amoureux de l'hiver 1838. On admire le piano de monsieur et les écrits de madame, on déambule dans les ruelles pavées, puis on rejoint, en bus toujours, le noyau de pierre ocre de Deià, bien joli point de départ de l'étape pédestre du jour, d'un village d'artistes au cimetière fleuri coiffant la colline. Au menu, 3h de marche seulement, entre panoramas et oliviers corpulents, fermes médiévales et *possessiós* (manoirs) noyés dans de vastes jardins. Au final, on loge près du phare du cap Gros, dans l'ancienne station de télégraphe de Muleta, devenue refuge, avec la mer et la baie de Sóller sous les yeux… 120 m plus bas. Sacré panorama !

Jour 3

Cap Gros – Sóller – Biniaraix – Tossals Verds 🚶

Voilà la plus longue étape de toutes : 27,8 km pour 9h de marche et 1 111 m de dénivelé ! Si l'odorante remontée vers l'adorable petite ville de Sóller, à la cuvette plantée d'orangers, n'a rien d'exténuant, passé le vieux bourg de Biniaraix, le GR s'attaque à plus sérieux : les 2 000 marches grimpant le Barranc (ravin) de

Sanctuaire de Lluc

Sa Calobra

Sur la Ruta de Pedra en Sec

Une voie mythique

Parmi les différents autres sentiers qui permettent d'explorer la Serra de Tramuntana, la descente un peu périlleuse du torrent de Pareis jusqu'à la splendide crique de Sa Calobra, baignée par des eaux turquoise, est incontournable. Elle est réalisable exclusivement en période sèche, car il faut par endroits franchir de gros rochers glissants (une corde peut s'avérer bien utile). De part et d'autre : les hautes falaises de la gorge qui entaillent la montagne de l'Entreforc.

ovales en pierre sèche : des glacières, où l'on entreposait la neige jadis, transformée sur la côte en sorbets! Au bout du chemin, le sanctuaire de Lluc attire les pèlerins depuis qu'un berger y découvrit une statue de la Vierge au XIIIe s. Les plus anciens des bâtiments actuels datent des XVIe (hostellerie) et XVIIe s. (basilique).

Biniaraix jusqu'au Coll de L'Ofre. Progressant entre des murets de pierre sèche parfaitement restaurés, le chemin, pavé, sinue au bord d'un torrent souvent assoiffé, entre des oliviers noueux, puis se hisse au flanc d'un cirque par une succession d'épingles à cheveux. Là-haut s'étend un lac de retenue, au décor de sommets pelés. Il ne reste plus ensuite qu'à se laisser porter au fil d'un chenal d'irrigation jusqu'au refuge de Tossals Verds. Ouf!

Jour 4

Tossals Verds – Puig de Massanella – Lluc 🚶

La mer s'évapore du regard; ici, c'est le maquis qui triomphe, recouvert par les flocons certaines nuits d'hiver. L'étape (dénivelé de 869 m pour 6h de marche) consiste en une longue montée vers le Puig de Massanella (1 364 m), suivie d'une longue descente. La progression s'émaille d'étranges réservoirs

Jour 5

Lluc – Pollença 🚶

Il ne reste plus guère qu'à redescendre jusqu'à Pollença (17,5 km; 4h40 de marche), dans l'ombre du Puig Tomir et de grands chênes verts. D'autres chenaux, d'autres ermitages, d'autres *possessiós* agrémentent le trajet, que certains choisiront de prolonger, le lendemain, jusqu'au port de Pollença (6,7 km; 1h20), où la civilisation reprend vraiment ses droits.

Banyalbufar

Nos conseils

Attention aux secteurs fermés

En raison de l'aménagement progressif du GR 221 et de son passage sur des terres privées, les étapes 1 (avant Estellencs) et 3 (entre Esporles et Deià) restent pour l'heure en partie inaccessibles. Certains marcheurs passent outre par endroits, mais ils risquent d'attiser le mécontentement de certains propriétaires ou de se perdre, la signalisation dans les sections en cours de réalisation n'étant pas encore forcément en place. Une fois tout réglé, il sera possible de parcourir l'intégralité de la côte ouest de Majorque, soit de Port d'Andratx au cap Formentor, en une semaine environ.

Des refuges parfaits

Le *Consell de Mallorca* a fait aménager des refuges de qualité dans plusieurs bâtisses anciennes, profitez-en! Cinq sont implantés sur l'itinéraire principal, deux sur des branches secondaires. On y dort pour peu cher et on peut s'y restaurer dans une belle ambiance.

Se munir d'une bonne carte

Serra de Tramuntana, 1/25 000ᵉ, Editorial Alpina.

Espagne

Mer Méditerranée

Pollença

Puig de Massanella
Cap Gros
Deià
Sóller   Biniaraix   Tossals Verds
Lluc
Campanet
Sa Pobla
Muro
Inca
Alaró
Valldemosa
Ranyalbufar
Granja   Esporles
Estellencs

Majorque
(ESPAGNE)

Sineu

Sa Indioteria
Pòrtol
Pina
Sant Joan
Andratx
Calvià
Palma
Port d'Andratx
Cas Català
Ca'n Pastilla
Algaida
Palma Nova
Baie de Palma
Porreres

Lagoa do Fogo, Ilha de São Miguel

7 jours

De l'**Ilha de São Miguel** à l'**Ilha do Corvo**

L'Italie, l'Espagne et le sud de l'Europe

Pour qui ? Pourquoi ?

On trouve ici de courtes balades à travers des pâturages et des vignes, mais aussi des randonnées plus exigeantes entrecoupées de raides montées. Le niveau de difficulté moyen de l'ensemble des randonnées est indiqué ci-dessus; consultez l'itinéraire au jour le jour pour connaître la difficulté relative de chacune.

Inoubliable…

Explorer l'héritage volcanique des Açores, entre caldeiras immenses, cratères, volcans récents, coulées de lave et cônes parfaits dominant les îles.

Marcher sur des sentiers bordés de haies d'hortensias et d'hydrangées.

Découvrir des panoramas imprenables sur des falaises qui s'abîment en mer.

Açores : les volcans de l'Atlantide perdue

Est-on encore en Europe ou déjà en Amérique? En plein milieu, à vrai dire. Les neuf îles-volcans des Açores, éparpillées d'est en ouest sur près de 600 km, s'amarrent au-dessus du rift médio-atlantique qui les a forgées. Ces terres, les plus jeunes du Vieux Continent (8 millions d'années), ont été découvertes et colonisées par les Portugais au XVe s. Longtemps nimbées de mystère à cause de leurs manifestations volcaniques, elles offrent aujourd'hui l'image d'un grand jardin parfaitement taillé pour la randonnée, déclinant cratères et caldeiras, falaises nappées de végétation, hameaux secrets nichés sur de discrets replats, lacs d'altitude et océans d'hortensias bleus et roses.

Un sentier bordé d'hortensias et d'hydrangées, Ilha de São Miguel

Ilha do Pico

La plus longue randonnée des Açores

C'est sur l'île de Santa Maria, excentrée au sud-est de l'archipel, que se déroule l'itinéraire le plus exigeant. Dessinant une boucle de 78 km, la Grande Rota de Santa Maria (GR 01 SMA) fait le tour complet de l'île en quatre jours de panoramas imprenables, de chapelles rurales, de villages fleuris aux maisons blanches soulignées de bleu, de vignes en terrasses et de phares. En points d'orgue : les piscines naturelles de Maia, la haute cascade d'Aveiro (80 m) et le Pico Alto (587 m) qu'enveloppe la forêt.

Jours 1 et 2

Ilha de São Miguel 🚶

L'île-capitale des Açores est la plus riche en randonnées. On y recense 28 itinéraires balisés, dont la belle boucle de 11 km menant de Praia à la Lagoa do Fogo et retour (environ 4h, niveau de difficulté 3). S'élevant au milieu des pâturages, puis des cèdres, elle suit une charmante *levada* (un chenal d'irrigation) au milieu de la végétation endémique. On remonte la vallée de la Ribeira da Praia avant d'atteindre le lac de Fogo, sur les berges duquel nichent des mouettes assez agressives! Sur la côte sud-est, le joli sentier moussu du Salgo do Prego (4,5 km, environ 2h, niveau de difficulté 2) rejoint, lui, une délicieuse petite cascade en passant par un dense couvert de fougères, mimosas à bois noir et pittosporums.

Jour 3

Ilha de São Miguel ✈ (50 min) Ilha São Jorge 🚶

Longue et effilée, cette île centrale n'est qu'une interminable crête dévalant vers l'océan en interminables falaises si raides, si hautes, qu'elles s'écroulent régulièrement, formant des *fajãs*, des langues de terre qui s'avancent dans la mer. De Serra do Topo, un sentier de 10 km (aller, environ 2h30, niveau de difficulté 3) dévale vers la côte nord et conduit successivement à plusieurs de ces lieux isolés de tout, jusqu'à la Fajã dos Cubres et son ermitage. En prime : une baignade en chemin à la caldeira (lagune) de Santo Cristo, un spot de surf réputé.

Jour 4

Ilha São Jorge ✈ (1h30) Ilha do Pico 🚶

L'ascension de la Montanha do Pico, point culminant du Portugal (2 351 m), est incontournable. Comme tout ici, le Pico est un volcan. Un cône parfait, souvent enturbanné d'une écharpe de nuages. Du sommet, on bénéficie d'un point de vue imprenable sur les îles du centre de l'archipel, mais ce panorama se mérite… L'ascension (6h à 8h aller-retour, niveau de difficulté 5) est très raide, le sol glissant et la descente encore plus abrupte! Le nombre de randonneurs étant

Ilha das Flores

limité à 200 par jour, il peut être préférable de réserver les services d'un guide. Les marcheurs autonomes doivent obligatoirement louer un GPS.

Jour 5

Ilha do Pico ✈ (2h15)
Ilha do Faial 🚶

Traversant l'île de Faial d'est en ouest sur 36,8 km, un itinéraire (niveau de difficulté 4) conduit de Ribeirinha aux pentes de cendres ocre rouge du Vulcão dos Capelinhos, que l'océan grignote méticuleusement depuis l'éruption qui le vit naître en 1957-1958. C'est le volcan le plus jeune des Açores! À mi-chemin, il faut se hisser jusqu'au summum de la randonnée (895 m) à travers les bois de lauriers et les brumes fréquentes,

contourner la caldeira centrale (profonde de 400 m!), puis redescendre sur le versant opposé.

Jour 6

Ilha do Faial ✈ (45 min)
Ilha das Flores 🚶

Quel joli nom! La plus occidentale de l'archipel, «l'île des Fleurs» peut être entièrement parcourue par un sentier en boucle de 47 km (3 jours, niveau de difficulté 4). Son flanc ouest, le plus sauvage, est notamment superbe entre Lajedo et Fajã Grande (13,1 km, environ 3h30, niveau de difficulté 3), avec continuation possible jusqu'à Ponta Delgada (12,9 km, environ 4h30, niveau de difficulté 4). Au programme: des amphithéâtres verdoyants tournés vers l'océan,

de grandes orgues basaltiques (Rocha dos Bordões) et de fines cascades dévalant vers l'enchanteur étang du Poço da Ribeira do Ferreiro.

Jour 7

Ilha das Flores ✈ (15 min)
Ilha do Corvo 🚶

Classée réserve de la biosphère par l'UNESCO, Corvo est elle aussi une île-volcan dont on gravit hardiment les pentes depuis l'unique village, pour pénétrer dans sa vaste caldeira (4,8 km, environ 2h30, niveau de difficulté 3). On y découvre une sorte de monde perdu aux flancs cadenassés de murets de pierre noire croulants qui enserrent deux petits lacs dont on fait tranquillement le tour. Vaches, chevaux et chèvres paissent là, sur fond de tourbières.

Vulcão dos Capelinhos, Ilha do Faial

Ilha do Corvo

Ilha das Flores

Açores

Ilha Graciosa

Ilha Terceira

Ilha do Faial

Ilha São Jorge

Vulcão dos Capelinhos ●

Montanha do Pico ● **Ilha do Pico**

Ilha de São Miguel

Lagoa do Fogo ●

OCÉAN ATLANTIQUE

Nos conseils

Voyager aux Açores

Compte tenu des distances, on se déplace généralement en avion entre les différentes îles des Açores. Toutes sont desservies par la compagnie SATA. Il existe également des traversiers, nettement moins chers, mais sujets à des conditions de mer parfois difficiles; les plus longues lignes sont d'ailleurs suspendues en hiver. Les rotations les plus rapides et pratiques sont celles qui relient les îles centrales de São Jorge, Pico et Faial. On trouve des cars sur les îles principales, mais ils ne sont pas très fréquents.

Quelle randonnée choisir?

Les Açores comptent en tout 86 itinéraires de randonnée balisés, de difficultés très diverses, couvrant plus de 800 km de sentiers. Pour tout savoir sur chacun d'entre eux, consultez le site Web *www.trails.visitazores.com/fr* (avec descriptions en anglais et cartes à l'appui). On peut aussi se procurer le guide de randonnée Rother consacré aux Açores.

Portugal

Quand y aller?
Madère se visite toute l'année, même si l'hiver est parfois un peu frais (environ 10°C) et l'été un peu chaud (plus de 30°C). Le printemps est superbement fleuri.

7 jours

Différentes randonnées dans l'île

Pico Ruivo

L'Italie, l'Espagne et le sud de l'Europe

Pour qui ? Pourquoi ?

Très accidentée, Madère exige des randonneurs une assez bonne condition physique, même si les levadas permettent une montée généralement assez graduelle. Certains parcours s'avèrent franchement vertigineux et sont plus ardus que le niveau de difficulté moyen indiqué ci-dessus pour l'ensemble des randonnées; consultez l'itinéraire au jour le jour pour connaître la difficulté relative de chacune.

Inoubliable…

Pénétrer dans les derniers recoins secrets de la laurisylve, la forêt de lauriers endémique qui recouvrait jadis toute l'île.

Respirer le parfum des fleurs et se laisser bercer par le glouglou des levadas.

Longer le flanc de falaises entaillées de cultures en terrasses.

Sur les sentiers de l'île-jardin de **Madère**

Une montagne jetée dans l'océan, une citadelle : voilà Madère telle qu'on la découvre d'avion. Territoire portugais autonome, cette grosse île (750,7 km²) amarrée à 660 km à l'ouest de l'Afrique est née d'une succession d'éruptions volcaniques à l'ère tertiaire. Son climat subtropical l'a dotée d'une riche végétation et l'ingéniosité des hommes a fait le reste. Pour irriguer les bananiers et les vignes dangereusement perchés en terrasses au-dessus de la côte sud, les colons ont aménagé tout un réseau de *levadas*, d'étroits canaux servant à distribuer les pluies du nord, plus arrosé. Des voies royales pour les randonneurs.

Levada dans les environs de Ribeira da Janela

Laurisylve

L'oiseau de paradis, fleur emblématique de l'île de Madère

Les levadas, patrimoine de l'humanité

Pour faciliter l'irrigation de leurs parcelles en terrasses, les Madériens ont développé un réseau unique d'étroits canaux, étendu sur… 2 150 km. Captant les pluies sur les hauteurs de la côte nord, ils courent au flanc des montagnes et parfois sous terre, franchissant les vallées sur de fins viaducs! Certains alimentent même de petites centrales hydroélectriques. Souvent doublées de chemins en pente douce, ces *levadas* offrent l'occasion de balades extraordinaires au cœur de l'île. Certaines *levadas*, progressant à flanc de falaise, sont toutefois très étroites et vertigineuses; elles sont même parfois endommagées et dangereuses, bien que, théoriquement, les autorités veillent. Autre inconvénient: les tunnels qu'empruntent les *levadas* sont humides et… très bas (il faut se courber).

Jour 1

Funchal – Câmara de Lobos 🚶

Plus qu'une randonnée, c'est une promenade (5,3 km, niveau de difficulté 1), emblématique malgré sa facilité. Partant du quartier hôtelier de la capitale, elle longe le littoral rocheux en passant par les piscines naturelles de Doca do Cavacas et la plage de galets de la Praia Formosa. Elle continue sur pilotis au-dessus de la mer, jusqu'à l'adorable petit port de pêche de Câmara do Lobos aux maisons blanches empilées entre océan et falaises, au fond d'une anse étroite. À l'ouest se devine l'à-pic des falaises du Cabo Girão, les plus hautes d'Europe (580 m).

Jour 2

Prazeres – Paúl do Mar 🚶

Journée de randonnée sur le Caminho Real do Paúl do Mar (niveau de difficulté 2). Voilà une sacrée descente! Partant du village de Prazeres, à 550 m d'altitude, on dévale ici sur 1,8 km d'un sentier échevelé aux pavés disjoints jusqu'au littoral sud (Paúl do Mar), en zigzaguant à flanc de falaise, entre des parcelles mouchoirs de poche souvent aban-

Portugal

Porto Moniz

Levada dans les environs de la Caldeirão Verde

données. Les villageois l'empruntaient jadis pour rejoindre la mer.

Jour 3

Queimadas – Caldeirão Verde – Caldeirão do Inferno 🏃

Partant de Queimadas, sur les hauteurs de la côte nord, ce superbe itinéraire (niveau de difficulté 3) rejoint d'abord (en 6,5 km) le « Cirque vert » en longeant une *levada* plongée dans la forêt endémique. Les parois dégoulinent, les fougères et lauriers recouvrent tout et l'étroite sente caracole par moments au bord d'à-pics vertigineux. Au bout, une très haute cascade tombe délicatement dans son « chaudron ». Si quatre tunnels entrecoupent cette section, ils sont huit sur la suivante,

conduisant à l'enfer vert de la Caldeirão do Inferno (encore 2,5 km). Au passage, des ponts suspendus se jettent en travers de l'étroite gorge de la Ribeira Grande.

Jour 4

Porto Moniz – Ribeira da Janela 🏃

C'est sur les hauteurs de Porto Moniz, à l'extrême nord-ouest de Madère, que commence cette randonnée assez longue, mais peu fréquentée, de 22,8 km aller-retour (5h à 8h de marche, niveau de difficulté 4). Longeant elle aussi une *levada*, elle remonte la vallée de la Janela, la plus longue rivière de Madère, par ses flancs supérieurs abrupts. Pas moins d'une dizaine de tunnels rythment l'avancée. Le

dernier, le plus long, mesure plus de 1 km! Douche garantie.

Jour 5

Machico – Porto da Cruz 🏃

Débutant à Machico, sur la côte nord-orientale, la randonnée de la Vereda do Larano (12,1 km, 4h de marche, niveau de difficulté 5) suit d'abord gentiment la Levada do Caniçal, avant de s'élever vertement vers le belvédère de la Boca do Risco. Les palissades de falaises de la côte nord se dévoilent alors, drues et couvertes de maquis, léchées par la houle atlantique 300 m plus bas. Suit un sentier caprin, étroit, rocailleux, exposé, carrément vertigineux, doublé par endroits de mains courantes. C'était autrefois le plus court chemin vers Porto da Cruz, terminus de la balade!

Entre les sommets du Pico do Areeiro et du Pico Ruivo

Portugal

Jours 6 et 7

Randonnée des Trois Cimes 🏃

C'est la plus classique des randonnées de Madère. L'une des plus belles aussi, aérienne, cheminant (en environ 3h30, niveau de difficulté 4) entre les sommets les plus élevés de l'île, le Pico do Areeiro (1 818 m) et le Pico Ruivo (1 862 m). Les nuages cachent et révèlent tour à tour l'invraisemblable

chaos rocheux central et, 1 000 m plus bas, la Ribeira Fajã da Nogueira. Les marches succèdent aux marches, les belvédères aux points de vue vertigineux. Le sentier, guidé par deux filins d'acier, s'élance même au-dessus du vide, au fil d'une crête rasoir… La dernière section jusqu'au refuge du Ruivo est la plus abrupte. On peut poursuivre, au fil des crêtes se déroulant vers l'ouest, jusqu'au col de la Boca de Encumeada (11,2 km, 5h à 6h), découvrant tour à tour des vues spectaculaires sur les deux versants de l'île.

🪧 Nos conseils

Un vaste réseau de sentiers

L'île de Madère compte pas moins de 2 000 km de chemins de randonnée. Pour en apprendre davantage, on peut consulter les pages dédiées de l'office de tourisme local (*www.visitmadeira.pt/fr-fr/explorer/detalhe/madeira/activites/randonnees*), ou le site Web *www.walkmeguide.com*, plus complet et détaillé, qui vend une application en version française. Côté papier, le guide Rother *Madère : les plus belles randonnées de levada et de montagne*, de Rolf Goetz, reste incontournable.

Essentiel !

Pour randonner sur les hauteurs, il faut absolument emporter une torche. Certaines *levadas* traversent de très longs tunnels et la lumière du téléphone portable ne suffit pas !

Quand y aller?
Le Maroc n'est qu'à 100 km et le soleil brille avec insistance. C'est parfait pour bronzer, moins pour randonner. Mieux vaut donc s'y rendre au printemps ou à l'automne.

Parc national de Timanfaya

11 jours

De l'**île de Lanzarote** à l'**île d'El Hierro**

L'Italie, l'Espagne et le sud de l'Europe

Pour qui ? Pourquoi ?

Les îles Canaries sont très accidentées et plusieurs sentiers de grande randonnée présentent de forts dénivelés, mais on peut aussi se contenter de petites balades faciles pour découvrir les plus beaux coins de la nature. Le niveau de difficulté moyen de l'ensemble des randonnées est indiqué ci-dessus; consultez l'itinéraire au jour le jour pour connaître la difficulté relative de chacune.

Inoubliable…

- *Atteindre le sommet du volcan Teide (3 718 m) et dominer tout l'archipel.*
- *Pénétrer dans l'intimité de la laurisylve, une forêt de lauriers où prospèrent mousses et fougères.*
- *Poser le pied sur la surface craquante d'une coulée de lave.*

Les **Canaries**, îles du printemps éternel

L'Afrique est tout près et ça se voit. Chaudes, désertiques par endroits, les sept îles de l'archipel des Canaries sont un peu aux Européens ce que Cuba ou la Floride sont aux Canadiens : un refuge au cœur de l'hiver. Très touristiques, densément peuplées, elles n'en offrent pas moins une multitude de randonnées exceptionnelles sur les flancs d'innombrables volcans et dans l'intimité de forêts enchantées de lauriers et de bruyères arborescentes. Ajoutons des belvédères imprenables, une riche flore exotique, de bien jolies villes coloniales et une *dolce vita* perpétuelle, à l'espagnole.

Parc naturel de Jandía

Un panneau de signalisation du GR 131

(panneau) PR-LP 3 / PR-LP 4 — GR 131 — Pico de la Nieve 0,3 km — Roque de los Muchachos 9,8 km — Refugio del Pilar 16,6 km

Le GR 131, le sentier qui unit les îles

Ceux qui disposent de cinq ou six semaines peuvent entreprendre une aventure assez unique : la traversée intégrale de l'archipel par le GR 131, en… 651 km. Prolongement canarien du Sentier européen E7 (qui relie pour l'instant la Hongrie au Portugal), il est désormais spécifiquement balisé sur six des sept îles, Gran Canaria faisant exception, avec son propre système de numérotation. L'itinéraire cumule quelque 20 000 m de dénivelé positif, avec des parcours plus faciles (mais globalement plus monotones) à Lanzarote et Fuerteventura, et plus difficiles à La Palma et El Hierro. On passe plus de temps à Fuerteventura (9 jours pour 160 km) et moins à La Gomera (2 jours pour 33 km).

Jour 1

Île de Lanzarote 🚶

La plus proche de l'Afrique, l'île de Lanzarote surprend par ses paysages volcaniques lunaires. Dans le parc national de Timanfaya, les cratères de cendres et scories des Montañas del Fuego jonchent une plaine désertique que les éruptions des XVIIIe et XIXe s. ont bétonnée de lave. Trois sentiers (2 km à 9 km, niveau de difficulté 2) y sont accessibles sous la conduite d'un guide (à réserver), mais les zones proches, comme la Caldera Blanca (3h à 4h aller-retour), sont libres d'accès.

Jour 2

Île de Lanzarote 🛥 (25 min)
Île de Fuerteventura 🚶

Tout au sud de l'île de Fuerteventura, la péninsule qui accueille le parc naturel de Jandía, écrasée de soleil, montre son squelette : une longue épine dorsale aux flancs sculptés de côtes apparentes, balayée par des vents de poussière. Au bout de l'effort (environ 2h30, niveau de difficulté 3), le Pico de la Zarza (807 m) coiffe l'île, offrant une vue plongeante à 360°, notamment sur l'immensité des plages de Cofete et Barlovento, battues par la houle. La nature, sans limites.

Roque Nublo

OCÉAN ATLANTIQUE

Île de la Palma

ESPAGNE

Île de Lanzarote
Parc national de Timanfaya

Phare du Teide

Île de Tenerife

Île de La Gomera

Île de Fuerteventura

Parc national de Garajonay

Île de Gran Canaria

Parc naturel de Jandía

Île d'El Hierro

Dunes de Maspalomas

MAROC

Île d'El Hierro

L'Italie, l'Espagne et le sud de l'Europe

Jours 3 et 4

Île de Fuerteventura 🚢 (2h) Île de Gran Canaria 🚶

L'île de Gran Canaria aime tellement la randonnée qu'elle lui consacre un festival, à l'automne, dans la belle vallée de Tejeda. Il est vrai que le coin incite aux balades. Pas bien loin, l'étonnant Roque Nublo dresse son doigt de pierre de 80 m au-dessus des pins. Mais le plus incroyable se trouve au sud : les 400 ha des dunes de Maspalomas, ridées par le vent, moutonnent en un petit Sahara dans lequel on s'enfonce à coup sûr (niveau de difficulté 1).

Jours 5 et 6

Île de Gran Canaria 🚢 (1h50) Île de Tenerife 🚶

Sur la plus grande île de l'archipel, l'œil revient inlassablement au phare du Teide (3 718 m). Ce cône majestueux, né des profondeurs de l'Atlantique, atteint même 7 500 m en comptant sa partie immergée ! Un téléphérique mène presque au sommet, mais les puristes y grimpent à pied, au fil d'une pente accusée mêlant lapilli et lave brute, avec nuit au refuge d'Altavista (niveau de difficulté 5). Du haut, découvert au soleil levant, l'œil harponne l'immense caldeira (17 km de diamètre !) et le Pico Viejo voisin (3 134 m). L'hiver, il y neige parfois.

Jours 7 et 8

Île de Tenerife 🚢 (50 min) Île de La Gomera 🚶

Les randonneurs adorent les 400 km de sentiers de l'île de La Gomera et plus encore la traversée de la forêt d'El Cedro, au cœur du parc national de Garajonay (niveau de difficulté 3). Avec ses lauriers et bruyères arborescentes de 10 m de hauteur, aux troncs moussus, et le clapotis de l'eau, on jurerait être perdu dans l'univers de Tolkien. Plus haut, palmiers dattiers, cultures en terrasses et abris rustiques de pierre noire précèdent des sommets nus. Au loin, la mer triomphe.

Vue sur la caldeira de Taburiente dans l'île de La Palma

Jours 9 et 10

Île de La Gomera ⛴ (2h)
Île de La Palma 🚶

Quelle île, quels paysages, quels sentiers (1 080 km)! Culminant à 2 426 m, La Palma serait l'île la plus escarpée au monde. La pente est partout. Au centre se creuse l'énorme caldeira de Taburiente, profonde de près de 2 000 m et tapissée de pins canariens, dans laquelle on ne pénètre vraiment qu'à pied (niveau de difficulté 3). Au sud, on parcourt la splendide et bien-nommée Ruta de los Volcanes (17,5 km, niveau de difficulté 4) au gré de l'enfilade de cratères de la Cumbre Vieja. Puis, on rejoint l'entonnoir noirâtre du San Antonio, assoupi, et le Teneguía, né en 1971.

Jour 11

Île d'El Hierro 🚶

C'est la plus petite île, la plus excentrée et la plus difficile d'accès (le plus rapide est de s'y rendre en avion depuis Gran Canaria ou Tenerife). Un gros caillou battu par la houle, la tête souvent dans les nuages. Les bergers ont laissé 260 km de sentes, qui composent notamment le Sendero Circular (112 km, niveau de difficulté 4), pour un tour complet. Le classique Camino de la Virgen (43,9 km, niveau de difficulté 3) permet de traverser l'île en deux ou trois jours par les crêtes, villages montagnards, pâturages cadenassés de murets, bois et ermitages. L'ouest, inhabité, sauvage, accumule les belvédères vertigineux.

🪧 Nos conseils

Le sommet du Teide

Seules 200 personnes se voient accorder chaque jour le droit de rejoindre le sommet du volcan; il faut pour cela réserver son permis jusqu'à... trois bons mois à l'avance (*www.reservasparquesnacionales.es*).

On peut toutefois passer la nuit au refuge d'Altavista (à 3 260 m) et en repartir à l'aube; le permis n'est alors pas obligatoire, mais, là encore, les places sont rares (*www.refugioaltavista.com*). Sinon, il reste l'option d'une excursion organisée, ou la vingtaine de sentiers qui explorent les flancs et les bases du Teide. S'ils n'offrent pas la même vue dominante, ils n'en sont pas moins intéressants. Le Sendero de los Roques de García (boucle de 3,5 km, niveau de difficulté 2), qui alterne entre champs de lave, falaises et aiguilles rocheuses, est notamment accessible à tous.

Espagne

Sur le Camino del Norte près de Laredo

38 jours

L'Italie, l'Espagne et le sud de l'Europe

D'**Irún** au **cap Finisterre**

Pour qui? Pourquoi?

Pour les marcheurs qui cherchent une longue randonnée bien balisée et facile à organiser. Pour suivre un itinéraire mythique, en évitant l'affluence du Camino Francés, tout en profitant de superbes paysages côtiers.

Inoubliable…

Visiter la vieille ville d'Oviedo.

Assister à la messe des pèlerins à la cathédrale de Saint-Jacques-de-Compostelle.

Arriver au bout du chemin au cap Finisterre.

Saint-Jacques-de-Compostelle
par les chemins de traverse

Nombreux sont les chemins qui mènent à Saint-Jacques-de-Compostelle, et de plus en plus de pèlerins les empruntent. En Espagne, en combinant le Camino del Norte et le Camino Primitivo, les randonneurs éviteront la foule qui encombre le Camino Francés. La beauté des paysages du littoral atlantique représente un autre avantage de ce tracé, qui traverse des villages médiévaux, des ports de pêche, des villes culturelles, mais aussi des montagnes escarpées et des campagnes désertes. Ce parcours relativement physique totalise 35 jours de marche et 840 km de la frontière espagnole à la cathédrale de Saint-Jacques-de-Compostelle. Les randonneurs ayant encore de l'énergie ne regretteront pas de poursuivre l'aventure trois jours de plus pour rejoindre la « fin de la terre ».

Cap Finisterre

Oviedo

Pintxos

La gastronomie du pèlerin

Marcher donne faim et permet de brûler bien des calories. Autant de bonnes raisons pour se régaler tous les jours de repas bien mérités et de savourer les spécialités locales. En Espagne, les auberges et les restaurants le long du chemin proposent le soir des menus du pèlerin, très complets et arrosés de vin à volonté, offrant un excellent rapport qualité/prix. Chaque région regorge de spécialités. Au Pays basque, goûtez aux *pintxos* (bouchées de style tapas) et au *txakoli* (vin blanc pétillant). En Cantabrie, testez la *quesada pasiega* (riche gâteau au fromage blanc). Dans les Asturies, régalez-vous de *fabada* (sorte de cassoulet) et de *caldereta* (ragoût de poisson) en buvant de la *sidra* (cidre). En Galice, le *pulpo gallego* (pieuvre grillée saupoudrée de paprika) et la *tarta de Santiago* (gâteau aux amandes) sont très populaires. Bref, vous ne mourrez pas de faim!

Jours 1 à 6
Irún – Pasaia – San Sebastián – Bilbao 🚶

Faites de courtes étapes dans les premiers jours pour ménager votre corps. Si vous êtes en forme, commencez par emprunter le GR121, une voie alternative au Camino del Norte qui permet de longer l'océan entre Irún et Pasaia; vos efforts seront amplement récompensés par des vues splendides. Passé la ville de San Sebastian, vous surplomberez régulièrement la côte avant de bifurquer vers l'intérieur des terres jusqu'à Bilbao. Cette ville animée mérite une halte prolongée pour visiter le célèbre Museo Guggenheim et le Museo de Bellas Artes.

Jours 7 à 12
Bilbao – Portugalete – Castro-Urdiales – Liendo – Laredo 🛥 (5 min) Santoña – Somo 🛥 (20 min) Santander 🚶

Pour quitter Bilbao, prenez le métro jusqu'à la ville voisine de Portugalete. Vous vous épargnez ainsi des heures de marche peu agréables sur du bitume et en zone industrielle. Quelques kilomètres plus loin, vous passerez en Cantabrie. Première étape à Castro-Urdiales, une agréable petite ville

Espagne

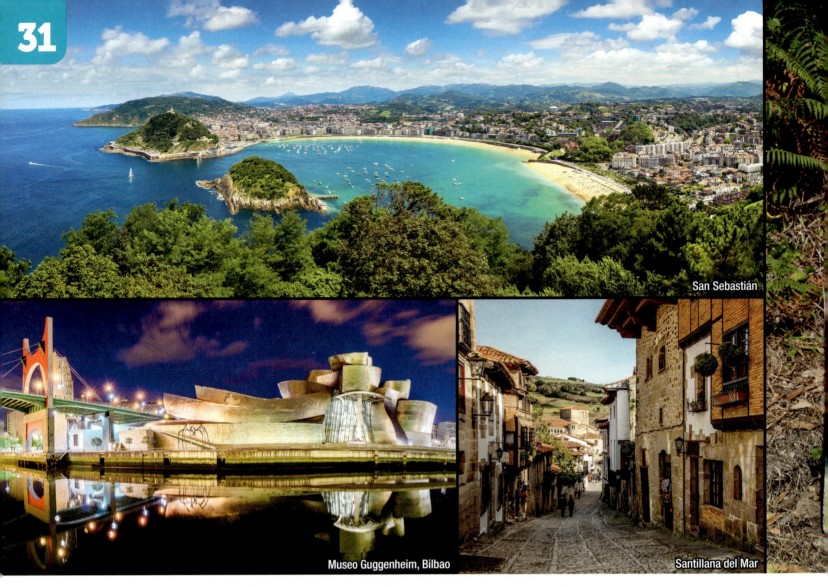

San Sebastián

Museo Guggenheim, Bilbao

Santillana del Mar

OCÉAN ATLANTIQUE

Ferrol
Ferrol
Ferrol
A Coruña
Laxe
Puerto del Palo
Oviedo
Llanes
Santander
Santoña
Castro-
Urdiales
Pasaia
Irún
Langreo
Santillana
del Mar
Somo
Portugalete
San
Sebastián
Cap
Finisterre
Lugo
Villablino
ESPAGNE
Laredo
Liendo
Bilbao
Saint-Jacques-de-Compostelle
Ferrol
Reinosa
Vitoria-Gasteiz
Pamplona
Vilagarcía
de Arousa
Lalín
León
Aguilar
de Campoo
Miranda
de Ebro
Estella
Monforte
de Lemos
Ponferrada

L'Italie, l'Espagne et le sud de l'Europe

portuaire dont les racines remontent à l'époque romaine. Entre Liendo et Laredo, optez pour le sentier secondaire qui passe par la côte. Vous suivrez des falaises escarpées surplombant l'océan jusqu'à Laredo, une station balnéaire dont la vieille ville ne manque pas de charme. De là, un traversier vous fera passer l'estuaire jusqu'à Santoña et au mont Buciero, d'où la vue sur la côte vaut le petit détour. Le sentier s'enfonce ensuite dans les terres pour rejoindre la grande ville de Santander, où l'on accède après une traversée de sa baie en bateau depuis Somo.

Jours 13 à 21

Santander – Santillana del Mar – Llanes – Oviedo 🚶

Ce dernier tronçon sur le Camino del Norte suit la côte de près et ne présente que peu de dénivelé. Une des premières étapes vous fera découvrir la bourgade médiévale de Santillana del Mar. Une fois passé dans la région des Asturies, vous profiterez en plus, en toile de fond, des monts enneigés de la chaîne des Picos de Europa. Le sentier passe à proximité de nombreuses plages, notamment aux alentours de Llanes, dont la vieille ville est joliment rénovée. Vous bifurquerez ensuite vers l'intérieur des terres pour rejoindre le Camino Primitivo.

Chemin de Compostelle

Nos conseils

Se préparer

Comme pour toute longue randonnée, une bonne préparation est nécessaire. Les chemins de Compostelle requièrent en plus d'obtenir un carnet du pèlerin (souvent appelé par son nom espagnol, *credencial*), qui permet de séjourner dans les gîtes offrant des tarifs avantageux aux marcheurs et de recevoir le certificat de pèlerinage une fois arrivé. On se le procure auprès des associations nationales de pèlerins *(au Canada : www.duquebecacompostelle. org ; en France : www.compostelle.asso. fr ; en Belgique : www.st-jacques.be ; en Suisse : www.chemin-de-stjacques.ch).*

Jours 22 à 35

Oviedo – Puerto del Palo – Lugo – Saint-Jacques-de-Compostelle 🥾

De son début officiel dans la ville d'Oviedo, le Camino Primitivo constitue le plus ancien des chemins de Compostelle. Sillonnant dans les montagnes avec des étapes qui affichent jusqu'à 1 000 m de dénivelé cumulé, ce parcours n'est pas de tout repos. En contrepartie, il est relativement peu fréquenté et les paysages comme les villages traversés valent tous vos efforts. Points d'orgue de ce chemin : la vue depuis le sommet du Puerto del Palo (1 146 m) et la ville de Lugo, réputée pour ses remparts romains et sa gastronomie. Lors des dernières étapes, les sentiers des Camino Francés, del Norte et Primitivo convergent en un seul tracé pour mener à Saint-Jacques-de-Compostelle.

Jours 36 à 38

Saint-Jacques-de-Compostelle – Cap Finisterre 🥾

Une messe à la cathédrale de Saint-Jacques-de-Compostelle marque la fin du voyage de nombreux pèlerins. Nous vous conseillons de poursuivre la marche jusqu'à la côte Atlantique et au cap Finisterre, qui représenta le bout du monde tant pour les Celtes que pour les Romains. Le sentier de 90 km, relativement peu fréquenté, traverse des forêts et une campagne vallonnée ne présentant pas de difficulté au marcheur bien entraîné que vous êtes désormais. Arriver sur la côte, face à l'océan et au soleil couchant, assure moult émotions et souvenirs. Une merveilleuse manière de conclure cette longue randonnée.

Voyager léger

Vous apprécierez d'autant plus votre randonnée si votre sac à dos ne dépasse pas 10 à 12 kg, réserve d'eau comprise. Cependant, n'omettez pas de vous équiper d'un sac de couchage et de bouchons d'oreilles afin de bien dormir, même en dortoir.

Rester au sec

En toute saison, le Pays basque, la Cantabrie et la Galice sont réputés pour leurs pluies fréquentes. Les précipitations sont plus occasionnelles en été, mais il est tout de même nécessaire de s'équiper d'un poncho qui couvrira aussi votre sac.

Espagne

Porto

L'Italie, l'Espagne et le sud de l'Europe

Quand y aller?

L'été, la chaleur peut rendre la marche pénible en milieu de journée. Ainsi, démarrez dès l'aube, ou planifiez votre séjour au printemps (d'avril à juin) ou à l'automne (septembre-octobre).

12 jours

De **Porto (Portugal)** à **Saint-Jacques-de-Compostelle (Espagne)**

Pour qui ? Pourquoi ?

Pour les marcheurs, même débutants, qui cherchent une randonnée aussi facile qu'agréable. Pour passer des vacances actives sur le littoral portugais.

Inoubliable...

Découvrir la séduisante et enivrante ville de Porto.

Marcher des kilomètres sans quitter l'océan des yeux.

Arriver à Saint-Jacques-de-Compostelle et découvrir sa célèbre cathédrale.

De **Porto** à **Compostelle**
sur le Senda Litoral

Au départ de Porto, trois chemins mènent à Saint-Jacques-de-Compostelle. Le Camino Central, le plus traditionnel, traverse les terres, tandis que les deux autres longent la côte. Si le Camino Costal s'éloigne souvent de la mer, le Senda Litoral la suit minutieusement, pour le plus grand bonheur des marcheurs à l'âme marine. Ainsi, les deux tiers de cette randonnée de 280 km s'effectuent de plages en ports de pêche, à travers dunes et cités balnéaires. Ce parcours est aussi l'occasion de savourer deux cultures et gastronomies différentes. Mais autant en Espagne qu'au Portugal, les eaux fraîches de l'océan Atlantique vous promettent de vivifiantes baignades.

Sur le chemin de Compostelle au Portugal

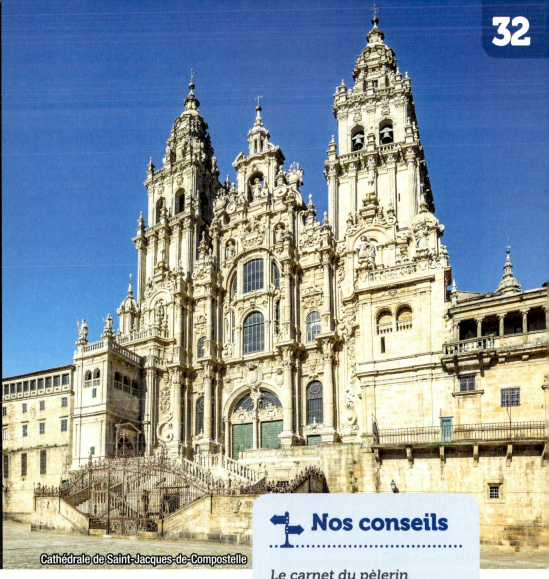
Cathédrale de Saint-Jacques-de-Compostelle

Jours 1 à 5

Porto – Apúlia – Vila Chã – Viana do Castelo – Caminha 🚶

Après avoir visité l'envoûtante ville de Porto, dont le centre historique est inscrit au patrimoine mondial de l'UNESCO, rejoignez l'avenue côtière qui file au nord de l'embouchure du fleuve Douro. Une dizaine de kilomètres suffisent pour quitter l'environnement urbain et longer une suite presque ininterrompue de plages. La marche est facilitée par des passerelles en bois bien entretenues. En chemin, ne manquez pas les villages d'Apúlia et de Vila Chã, où les barques de pêche traditionnelles sont encore hissées sur le sable. La vieille ville de Viana do Castelo mérite aussi une halte prolongée.

Jours 6 à 12

Caminha 🚢 (20 min) A Guarda – Pontevedra – Saint-Jacques-de-Compostelle 🚶

Le bateau assurant la traversée du fleuve Minho est souvent tributaire des marées, prévoyez donc bien votre passage. A Guarda et l'Espagne vous attendent sur l'autre rive (avancez votre montre d'une heure), d'où vous poursuivrez le sentier côtier durant trois à quatre jours jusqu'à Pontevedra. Les trois dernières étapes rattrapent le Camino Central en traversant des forêts de pins et des campagnes vallonnées jusqu'à Saint-Jacques-de-Compostelle. Après avoir assisté à la messe des pèlerins, si les jambes vous démangent encore, rejoignez la côte en marchant jusqu'au **cap Finisterre** (voir p. 131).

🪧 Nos conseils

Le carnet du pèlerin

Comme sur tous les chemins de Compostelle, il est avantageux de se procurer un carnet du pèlerin (souvent appelé par son nom espagnol, *credencial*), qui permet de séjourner dans des gîtes économiques et de recevoir le certificat de pèlerinage. On se le procure auprès des associations nationales de pèlerins (voir p. 131).

Marcher léger

Des chaussures de marche basses et légères sont amplement suffisantes pour parcourir ce sentier.

S'hydrater

Pensez à bien vous hydrater sur ce sentier où le climat est particulièrement chaud et ensoleillé. Les points d'approvisionnement en eau potable pouvant être espacés, munissez-vous de gourdes de grande capacité (au moins deux litres).

Portugal, Espagne

Les falaises des Seven Sisters, Royaume-Uni

Le nord de l'Europe

33 La **Transardennaise** : traversée du poumon vert de la **Belgique** 136

34 Traversée de l'**Angleterre** au fil du **mur d'Hadrien** 140

35 Séjour arctique aux **îles Lofoten** en **Norvège** 144

36 Randonnée-kayak hors des sentiers battus dans la **région d'Ofoten** 148

37 La nature sauvage du Circuit de l'Ours en **Finlande** 152

38 Le **Lake District**, paradis des randonneurs en Angleterre 156

39 Islande : les falaises de **Látrabjarg**, tout au bout de l'Europe 160

40 Phénomènes naturels autour du **volcan Krafla** en Islande 162

41 Les **Seven Sisters**, merveilles du Sussex 164

42 La **Kerry Way**, un bijou de randonnée dans l'île d'Émeraude 168

43 Le nid d'aigle du **Reinebringen** en Norvège 172

44 **Knivskjellodden**, à l'assaut du *vrai* cap Nord en Norvège 174

45 **Orcades** et **Shetland**, balades dans les îles vikings d'Écosse 178

46 Exploration de la mythique **île de Skye** en Écosse 182

47 Le sentier du Laugavegur en **Islande** : on va marcher sur la lune! 186

48 La mystérieuse **Estonie**, du nord au sud 190

49 Marcher le cœur battant au rythme de la nature sauvage du **Groenland** 194

50 La **Kungsleden**, reine des randonnées en **Laponie** 198

La Roche-en-Ardenne

7 jours

De **La Roche-en-Ardenne** à **Bouillon**

Pour qui ? Pourquoi ?

Pour les marcheurs de toutes catégories, en bonne condition physique, qui souhaitent combiner la découverte du patrimoine naturel de la Wallonie avec l'histoire, l'architecture et la gastronomie.

Inoubliable…

Profiter de l'excellent entretien et du balisage sans faille du parcours, ainsi que de l'offre variée d'hôtellerie et de restauration au cœur de superbes villages médiévaux.

Observer la faune aux abords du sentier, dont des cerfs, des sangliers, des oiseaux de proie et même des castors!

Faire de chaleureuses rencontres autour d'une délicieuse bière locale.

Admirer le spectacle en surplomb sur la forêt qui recouvre un relief vallonné et étend sa canopée à perte de vue.

Quand y aller ?

De juin à septembre. Préférez l'été pour visiter les Ardennes, car vous profiterez alors d'une nature épanouie sans subir les caprices du climat.

La **Transardennaise** : traversée du poumon vert de la **Belgique**

L'Ardenne belge est une région de la Wallonie dont la topographie et le climat se distinguent considérablement des territoires frontaliers des Ardennes françaises, allemandes ou luxembourgeoises. L'exploration de ce poumon vert de la Belgique passe par la Transardennaise, un superbe tracé pédestre, considéré comme le plus beau du pays. Cet itinéraire de 160 km comporte sept étapes dans un enchaînement de petits villages pittoresques et accueillants, le long de chemins bucoliques qui sillonnent de mystérieuses forêts touffues. Humer la rosée du matin en observant une harde de cerfs à l'orée d'un bois, déguster un plat gastronomique dans un décor que les méandres de cours d'eau admirables ont façonné figurent parmi les promesses de cette randonnée.

Dans les environs de Nassogne

Une forêt d'histoire et de mémoire

En se promenant dans la quiétude de ces bois profonds, difficile d'imaginer que l'enfer s'y déchaînait il n'y a pas si longtemps. La région ardennaise est un important lieu de mémoire belge. Au fil des sentiers, vous découvrirez de nombreux stigmates des deux guerres mondiales, des monuments commémoratifs, des cimetières et des musées. La Roche-en-Ardenne abrite d'ailleurs un excellent musée consacré à la bataille des Ardennes. Pour approfondir le sujet, le musée Guerre et Paix en Ardennes situé à Novion-Porcien, côté français, s'avère une visite complémentaire instructive.

Jour 1

La Roche-en-Ardenne – Lavaux – Cens – Wyompont – Roûmont – Sprimont 🥾

Quittez le superbe village de La Roche pour entreprendre votre traversée ardennaise. Vous devrez parcourir 21 km sans réelle difficulté, si ce n'est une montée de 8 km qui commence à la sortie du bourg. Vous traverserez les villages de Lavaux, Cens, Wyompont et Roûmont avant d'arriver à votre étape de Sprimont.

Jour 2

Sprimont – Tonny – Lavacherie – Vesquevile – Saint-Hubert 🥾

Vous franchirez 21 km sur de jolis chemins boisés pendant pratiquement toute la durée de ce tracé. Au bout de 4 km, les villages s'enchaînent, d'abord Tonny et Lavacherie, puis Vesqueville et finalement, l'étape du jour : Saint-Hubert.

Jour 3

Saint-Hubert – Nassogne 🥾

Le parcours d'aujourd'hui est beaucoup plus vallonné, avec de vastes traversées forestières sur environ 27 km. Le sentier monte directement à la sortie du village pour atteindre les hauteurs, à presque 600 m d'altitude. Vous compléterez cette étape avec l'itinéraire d'un bois vallonné jusqu'à Nassogne.

Belgique

Des cerfs de la région

Dans la forêt près du village d'Our

Le nord de l'Europe

Jour 4

Nassogne – Masbourg – Mormont – Awenne – Mirwart 🚶

Il s'agit d'une journée un peu plus reposante, avec 17 km à parcourir et des dénivellations modérées. Vous traverserez des secteurs forestiers débouchant sur de vastes champs et passerez par plusieurs villages (Masbourg, Mormont, Awenne) avant de parvenir à Mirwart.

Jour 5

Mirwart – Transinne – Lesse – Redu – Séchery – Daverdisse 🚶

Voici un itinéraire de 22 km alternant forêt et prairies, avec passage à proximité de la vallée du Marsoult et de la Haute-Lesse. Vous grimperez jusqu'à Transinne pour ensuite descendre vers le hameau de Lesse et sa rivière éponyme. Puis, vous monterez en direction de Redu avant de redescendre sur Séchery. Après ce village, vous suivrez le contour de la Lesse pendant 7 km jusqu'à Daverdisse.

Jour 6

Daverdisse – Porcheresse – Our – Beth – Opont – Frêne 🚶

C'est parti pour 20 km de marche avec des dénivelés conséquents, dont la grimpette en direction de Porcheresse, à 6 km. Vous sillonnerez la campagne et la forêt pendant 8 km jusqu'à Our, un joli village de pierre. Vous passerez ensuite par Beth, suivi d'Opont, avant d'arriver à votre étape.

Jour 7

Frêne – Naomé – Mon Idée – Mogimont – Briahan – Cordemois – Bouillon 🚶

Voici la dernière portion de la Transardennaise et elle est de taille! Avec pratiquement 30 km à parcourir, votre journée sera bien remplie jusqu'à Bouillon. Fort heureusement, vous n'aurez pas à franchir de déclivité notable et les haltes villageoises seront nombreuses. Vous passerez près de Naomé, puis de Mon Idée, vous traverserez Mogimont et Briahan, puis descendrez vers Bouillon en passant par Cordemois. C'est une arrivée en apothéose tant Bouillon est superbe, avec son château médiéval qui surplombe la rivière méandreuse de la Semois.

Bouillon

La Roche-en-Ardenne

Rochefort

Lavaux

Nassogne

Masbourg

Cens

Mormont

Wyompont

Awenne

Roûmont

Mirwart

Saint-Hubert

Sprimont

Daverdisse

Séchery

Redu

Tonny

Lavacherie

Bastogne

Porcheresse

Transinne

Lesse

Vesqueville

Our

Beth

Opont

Frêne

Libramont-Chevigny

Naomé

Mogimont

BELGIQUE

La Semois

Briahan

Cordemois

Bouillon

La Semois

Nos conseils

Où dormir

La Transardennaise s'articule essentiellement autour d'étapes en gîte ou en hôtel de campagne, et les possibilités de camper sont limitées. Si vous tenez à dormir sous la tente, ne le faites que dans les aires prévues à cet effet. Il est interdit d'y passer deux nuits consécutives et les feux ne sont autorisés que dans les zones identifiées.

Provisions

Inutile de vous charger pour cette randonnée. Un village, une épicerie, un bistro où vous pourrez vous ravitailler ou vous sustenter vous attendront à tous les 5 à 6 km.

Attention aux tiques!

Elles pullulent dans ces bois. Privilégiez manches longues, pantalons longs et même guêtres couvrantes.

Goûtez le pays

Savourez les spécialités régionales : salade au lard, cacasse (à base de pommes de terre), boudin blanc, dinde rouge des Ardennes, truite de la Semoy ou friture de fretins de la Meuse, sans oublier l'apéritif ardennais au cidre et sirop de mirabelle, et la Cuvée des Jonquilles, l'excellente bière ambrée du coin.

Belgique

📅 **Quand y aller ?**
Septembre, octobre et même novembre sont les mois parfaits pour cette traversée. La météo reste agréable, quoique la pluie soit toujours à prévoir et que la fréquentation touristique s'avère invariablement intense. Plus tard en saison, le terrain risque d'être détrempé. Plus tôt, l'affluence est insoutenable.

Dans les environs de Steel Rigg

6 jours

De **Carlisle**
à **Newcastle**

👢👢👢👢👢 ▲▲△△△△

Pour qui ? Pourquoi ?

En plus de se laisser éblouir par les prouesses techniques d'un aménagement aussi colossal, les marcheurs jouissent partout des fabuleux panoramas champêtres de la prairie anglaise, en plus de découvrir deux villes fascinantes, à chaque extrémité du parcours : Carlisle et Newcastle.

Inoubliable…

- Traverser les pâturages bucoliques où paissent moutons et bovins indifférents à votre présence.
- Constater la progression visuelle du mur, presque invisible au départ, puis qui émerge peu à peu de terre dans la moitié centrale du parcours.
- Apprécier la conjugaison de l'histoire, de l'environnement et des cultures régionales qui prend ici une dimension exceptionnelle.
- Visiter les musées dispersés sur le parcours, dont les expositions se complètent parfaitement plutôt que se répéter.
- Franchir les innombrables clôtures et kissing gates (portes qui permettent aux gens, et non au bétail, de passer) qui jalonnent le parcours.

Le nord de l'Europe

Traversée de l'**Angleterre** au fil du **mur d'Hadrien**

Le mur d'Hadrien, inscrit au patrimoine mondial de l'UNESCO en 1987, s'impose comme la principale attraction touristique du nord de l'Angleterre. Depuis 2003, un extraordinaire sentier de randonnée pédestre, qui s'étire d'est en ouest sur 130 km au sud de l'Écosse, attire annuellement plus de 15 000 marcheurs qui le franchissent en autonomie ou font appel à des agences pour planifier l'hébergement, le transport des bagages, les visites et autres services. Des centaines de milliers de vacanciers parcourent également à pied des segments plus ou moins longs du tracé en visitant les principales étapes de la route du mur.

Randonneurs sur le sentier du mur d'Hadrien

Agneau

Fortifications de Vindolanda

Jour 1
Carlisle – Lanercost 🥾

Vous traverserez d'abord la vieille ville de Carlisle avant de mettre pied sur le sentier du mur d'Hadrien (Hadrian's Wall Path). De là, vous marcherez sur près de 24 km au cœur d'un environnement extraordinaire, en parcourant des parcs verdoyants puis quelques villages périphériques avant d'atteindre un milieu totalement rural. Alors que vous marcherez entre prés et pâturages, au milieu des animaux, le mur restera enfoui.

Jour 2
Lanercost – Walltown 🥾

Plus vous avancez, plus le mur commence à ressembler à ce qu'il fut jadis. Modestement toutefois, quand on pense qu'il atteignait 7 m de hauteur et près de 3 m de largeur, avec des tours de guet à tous les milles romains (300 au total) et des forts impressionnants aux positions stratégiques.

Jour 3
Walltown – Steel Rigg 🥾

Vous aborderez aujourd'hui la section centrale du circuit, beaucoup plus accidentée et très spectaculaire. Vous grimperez l'équivalent de 155 étages sur 20 km de distance, et longerez presque en tout temps le mur d'Hadrien, qui suit fidèlement la topographie. Vous croiserez deux fortifications importantes : Housesteads et Vindolanda, le plus important lieu historique du circuit. Son musée, entouré du site archéologique où se déroulent les recherches, est extrêmement intéressant.

L'état du mur

Construit à partir de 122 apr. J.-C. sur ordre de l'empereur Hadrien à peu près à la limite entre l'Angleterre et l'Écosse d'aujourd'hui, le mur d'Hadrien visait à protéger la province romaine de Bretagne des invasions par le nord. Il va de soi que, près de 2 000 ans après son érection, le mur n'est pas demeuré intact. Les portions est et ouest ne comptent que quelques vestiges éparpillés ou reconstitués, ou alors des traces perceptibles sur la topographie du terrain, les populations locales s'étant servi des pierres du mur pour bâtir leurs fermes et leurs églises. Le segment central, plus vallonné et moins habité, a conservé des dizaines de kilomètres en continu de vestiges de la muraille et de ses tours, ainsi que des fondations excavées des forts romains.

Chesters Roman Fort

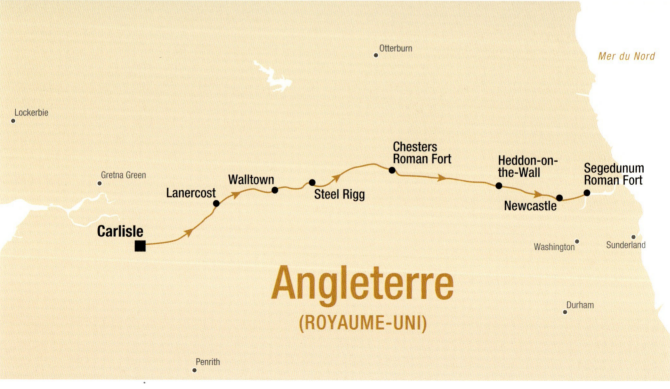

Le nord de l'Europe

Mer du Nord

Otterburn

Lockerbie

Gretna Green

Walltown

Lanercost

Steel Rigg

Chesters
Roman Fort

Heddon-on-
the-Wall

Segedunum
Roman Fort

Newcastle

Carlisle

Washington

Sunderland

Angleterre
(ROYAUME-UNI)

Durham

Penrith

Dans les environs d'Heddon-on-the-Wall

Au-delà du rempart s'étale l'incarnation vivante du bucolique, une vision pastorale à son paroxysme qui vous permettra d'admirer la campagne anglaise dans toute sa splendeur.

Jour 4

Steel Rigg – Chesters Roman Fort 🚶

Le jour le plus long… avec près de 30 km à parcourir. Le mur d'Hadrien se dissipe et vous n'en croiserez plus que quelques arêtes éparses en suivant quand même son tracé à travers les pâturages et les champs de blé jusqu'au fort romain de Chesters, près de Chollerford. En approchant de Newcastle (officiellement Newcastle upon Tyne), le sentier longe de plus en plus la route et le romantisme champêtre s'estompe peu à peu à l'approche de la cité.

Jour 5

Chesters Roman Fort – Heddon-on-the-Wall – Newcastle 🚶

Fini les moutons et les bovins, toute cette étape se parcourt sur un sentier pavé. C'est la rivière Tyne qui accapare l'attention, avec ses rives couvertes d'alluvions boueuses à marée basse. Puis, vous entrez carrément dans Newcastle, à la recherche du premier pub venu.

Jour 6

Newcastle – Segedunum Roman Fort 🚶

Cette option pédestre est facultative, puisque vous pouvez utiliser les transports en commun. Cette étape urbaine longe le Tyne Riverside Park jusqu'à Wallsend, site de l'ancienne cité romaine de Segedunum, son musée et sa reconstitution du mur originel. *Veni, vidi, vici!*

🪧 Nos conseils

D'où à où et dans quel sens?

Cette randonnée est adaptable en termes de durée, un périple de cinq à neuf jours pouvant être envisagé. Le circuit proposé ici s'étire de Carlisle à Newcastle. À l'ouest, vous pouvez y ajouter une journée en partant de Bowness et prolonger d'une autre en traversant Newcastle jusqu'au site romain de Segedunum. Bien que la majorité des marcheurs parcourent ce trajet d'ouest en est, le sens inverse permet de profiter des vents dominants.

Avec ou sans confort

Même si des campings se trouvent tout au long du sentier, si vous allez en Angleterre, c'est entre autres pour profiter du charme des gîtes ruraux et des pubs. Certains gîtes sont situés à quelques kilomètres du sentier, mais un système de transport en commun est accessible à partir du tracé.

Se préparer

La préparation indispensable est de nature logistique plutôt que physique. La coordination des hébergements étant difficile, il est préférable d'utiliser des agences locales, comme Open Book Visitor Guiding (*www.greatguidedtours.co.uk*), qui préparent des circuits personnalisés. La lecture de *Walking Hadrian's Wall Path*, de Mark Richards (Éditions Cicerone), est plus qu'utile.

Quand y aller ?
Plutôt l'été pour profiter de températures moyennes de 12 degrés et de l'effet du Gulf Stream sur les eaux qui entourent l'archipel.

Henningsvær

Le nord de l'Europe

11 jours

Boucle au départ de **Lødingen**

Pour qui ? Pourquoi ?

Pour la beauté du paysage torturé de cette partie insulaire des Alpes scandinaves. Paradis des alpinistes, l'archipel l'est tout autant pour les randonneurs avides de sommets ou de marche sur les rivages.

Inoubliable...

Plonger le regard sur la plage d'Auckland du haut du mont Mannen.

Admirer les paysages sous la luminosité arctique du soleil de minuit en été.

Tomber en amour avec les rorbus, les traditionnelles maisons sur pilotis des pêcheurs.

Séjour arctique aux îles Lofoten en Norvège

Véritable éden de la randonnée, l'archipel des îles Lofoten s'étire sur moins de 200 km au nord du cercle arctique en une sorte de péninsule qui s'avance dans la mer de Norvège. Des ponts et tunnels impressionnants relient ses sept îles principales. Mer, fjords, plages et hautes montagnes sont omniprésents dans ce pays où la pêche à la morue se pratique depuis plus de 5 000 ans. Les villages et cabanes de pêcheurs colorés témoignent de ce passé florissant et attirent de nombreux touristes. Le relief, tout en pics et flancs escarpés plongeant dans l'eau, est parcouru de sentiers parfaits pour des randonnées à la journée dans un décor flamboyant.

À bord de l'Express côtier Hurtigruten

En séjour aux Lofoten, vous aurez peut-être la chance de voir le spectacle impressionnant d'un gros bateau comme l'Express côtier *Hurtigruten* se faufiler dans l'étroit Trollfjord, de moins de 2 km de long, au nord de l'archipel. Imaginez-vous à bord!

Combinant transport de fret et de passagers, ce navire est une vraie légende pour les amateurs de croisières d'exception : il relie 34 ports de la côte norvégienne au départ de Bergen (au sud de la Norvège) et le septième jour, vire de bord à Kirkenes, près de la frontière russe en Arctique.

Vous pouvez faire l'aller-retour en 12 jours, mais aussi vous arrêter en route, notamment dans les îles Lofoten. Le bateau stoppe dans 34 ports et croise une centaine de fjords et un millier de sommets en route! En plus de visites culturelles aux étapes, de nombreuses activités de plein air (randonnée, kayak, équitation…) sont proposées aux croisiéristes.

Jour 1

Lødingen – Henningsvær 🚶

De Lødingen, au nord, empruntez en voiture la route principale de l'archipel (E10) jusqu'à Henningsvær. Au sud de l'île d'Austvågøya, la «Venise des Lofoten» s'étend sur plusieurs îles en bordure du fjord Vestfjorden qui sépare l'archipel de la côte norvégienne. De là, grimpez au sommet du Festvågtinden (588 m), d'abord dans des éboulis, puis en suivant une arête jusqu'au sommet qui offre un premier spectacle grandiose sur fjords et montagnes.

Jour 2

Henningsvær – Haukland – Mont Mannen – Uttakleiv 🚶

Reprenez votre voiture pour vous rendre sur l'île de Vestvågoy où vous attend la plage d'Haukland, que vous pourrez admirer du haut du mont Mannen. Le sentier monte sur une colline, puis la pente devient plus verticale. Vous terminerez votre parcours sur le sommet, au bord d'un précipice à 400 m de hauteur, donnant une vue en plongée sur la plage et les eaux turquoise où baignent les îles. En descendant, virez à gauche vers Uttakleiv dont la plage est elle aussi attirante. D'Uttakleiv, vous pouvez également faire une randonnée difficile (5h à 6h, 910 m de dénivelé) sur la crête du massif voisin d'Himmeltindan.

Jour 3

Uttakleiv – Nusfjord – Nesland 🚶

Prenez la route pour rejoindre l'île de Flakstadøya et Nusfjord, le plus ancien village de pêcheurs des îles Lofoten, un véritable musée vivant, dont les maisons des habitants d'autrefois sont transformées en lieux

Norvège

Sur le sentier du mont Hermannsdalstinden

OCÉAN ATLANTIQUE

Îles Lofoten

Hov/Mont Hoven

Lødingen

Uttakleiv
Haukland

Mont Fløya
Mont Svolværgeita

Bognes

Fredvang
Kvalvika/Mont Ryten

Henningsvær

Nusfjord
Nesland

Skutvik

Drag

Mont Hermannsdalstinden

Vestfjord

Munkebu
Reine
Moskenes

Å   Sørvågen

NORVÈGE

Leinesfjord

Værøy

Le nord de l'Europe

d'hébergement. Pour randonner depuis là, empruntez le chemin facile qui longe la baie de Nusfjord jusqu'au hameau de Nesland.

Jour 4

Nesland – Fredvang – Kvalvika – Mont Ryten – Fredvang 🚶

Gagnez l'île de Moskenesøya en voiture. Amorcez votre randonnée de la journée à Fredvang avec une balade d'une heure vers la plage sauvage de Kvalvika. Longez le Torsfjorden, puis bifurquez à droite sur le sentier du col de Skoren, d'où se dévoilent la côte nord et la baie de Kvalvika. De la plage, montez au sommet du mont Ryten (543 m) pour profiter du panorama sur cette dernière, surtout au coucher du soleil.

Jour 5

Fredvang – Reine – Sørvågen 🚶

En roulant vers le sud de l'île de Moskenesøya, la plus australe de l'archipel accessible par la route, vous traverserez plusieurs bras de mer dans un décor de pitons rocheux. Pour admirer Reine, lové dans un cirque de montagnes, montez au sommet du Reinebringen (voir l'itinéraire p. 172). Reprenez ensuite votre voiture pour vous rendre à Sørvågen.

Jours 6 et 7

Sørvågen – Munkebu – Mont Hermannsdalstinden – Sørvågen 🚶

Prévoyez au moins deux jours pour cette randonnée jusqu'au sommet de l'Hermanns-

dalstinden (1 029 m). De Sørvågen, vous atteindrez le plateau de Munken (775 m) et le lac Sorvågvatnet en 2h. Pour dormir à la cabane de Munkebu, vous devrez avoir réservé à l'office de tourisme de Moskenes. Sinon, campez à proximité. Le lendemain, faites l'ascension de l'Hermannsdalstinden dans un tableau de lacs, fjords et montagnes. La dernière section sur la crête est aussi époustouflante que l'arrivée sur l'étroit sommet, avec une vue à 360 degrés.

Jours 8 et 9

Sørvågen – Å – Moskenes 🛳 (1h30) Værøy – Mont Nordlandsnupen – Værøy 🚶

Après avoir vu nombre de séchoirs et têtes de morue en route, ne manquez pas la visite du

empruntez le chemin facile qui longe la baie de Nusfjord jusqu'au hameau de Nesland.

Jour 4

Nesland – Fredvang – Kvalvika – Mont Ryten – Fredvang 🅰

Amorcez votre randonnée de la journée à Fredvang avec une balade d'une heure vers la plage sauvage de Kvalvika. Longez le Torsfjorden, puis bifurquez à droite sur le sentier du col de Skoren, d'où se dévoilent la côte nord et la baie de Kvalvika. De la plage, montez au sommet du mont Ryten (543 m) pour profiter du panorama sur cette dernière, surtout au coucher du soleil.

Fredvang – Reine – Sørvågen 🅰

En roulant vers le sud de l'île de Moskenesøya, la plus australe de l'archipel accessible par la route, vous traverserez plusieurs bras de mer dans un décor de pitons rocheux. Pour admirer Reine, lové dans un cirque de montagnes, montez au sommet du Reinebringen (voir l'itinéraire n° 172). Reprenez ensuite votre voiture pour vous rendre à Sørvågen.

Jours 6 et 7

Sørvågen – Munkebu – Mont Hermannsdalstinden – Sørvågen 🚶

Prévoyez au moins deux jours pour cette randonnée jusqu'au sommet de l'Hermanns-

réservé à l'office de tourisme de Moskenes. Sinon, campez à proximité. Le lendemain, faites l'ascension de l'Hermannsdalstinden dans un tableau de lacs, fjords et montagnes. La dernière section sur la crête est aussi époustouflante que l'arrivée sur l'étroit sommet, avec une vue à 360 degrés.

Jours 8 et 9

Sørvågen – Å – Moskenes 🚢 (1h30) Værøy – Mont Nordlandsnupen – Værøy 🚶

Après avoir vu nombre de séchoirs et têtes de morue en route, ne manquez pas la visite du

Le nord de l'Europe

Vue sur le Tysfjorden

Quand y aller ?
Idéalement en juillet, au plus chaud de l'été. Cet itinéraire peut être combiné à ceux des îles Lofoten (voir p. 144) et du Reinebringen (voir p. 172).

⌀ 12 jours

⌀ De **Ballangen** à **Kjøpsvik**

👢👢👢👢👢 ⛰⛰⛰⛰⛰

....

Pour qui ? Pourquoi ?

⌀ *Pour les amateurs de nature sauvage qui aiment autant la randonnée hors-piste que le kayak de mer et le camping.*

....

Inoubliable…

⌀ *Admirer des pétroglyphes sur le granit du mont Teppkil Tinden.*

⌀ *Méditer face au Stetinden, sommet mythique de la Norvège.*

⌀ *Plonger dans les eaux froides du Vestfjorden un jour de canicule.*

Randonnée-kayak hors des sentiers battus dans la région d'Ofoten

À 200 km au nord du cercle arctique, la côte déchiquetée de la Norvège verdoie à souhait en été, dans un tableau teinté de bleu turquoise, avec des fjords à perte de vue. De hautes montagnes qui semblent inatteignables se dressent sur les rives… C'est en kayak de mer qu'on les approche le mieux dans cette région d'Ofoten. On campe à leur pied pour faciliter l'ascension et les aperçus sur ces impressionnantes élévations sont multipliés lorsqu'on navigue autour ou qu'on pêche la morue !

Ballangen

Rennes et morues, trésors du Nordland

....

L'élevage des rennes par les Samis (autochtones de la Laponie) et la pêche à la morue ont constitué la principale activité économique du comté de Nordland depuis des lustres. Rares sont les troupeaux de rennes que vous rencontrerez dans les montagnes d'Ofoten, mais vous pourriez avoir quelques surprises sur les hauteurs! Par contre, la pêche à la morue fait encore figure de pêche miraculeuse dans les eaux froides des fjords, même avec un agrès de fortune. En kayak de mer, cet attirail ultrasimple et peu encombrant fait merveille : un long fil à pêche, sur lequel sont accrochés hameçons, leurre et plomb, est enroulé sur un support rudimentaire en plastique tenant dans une main. On le déroule au fond de l'eau et on attend, en profitant du paysage montagneux, l'avant-bras faisant un va-et-vient vertical avec la ligne…. jusqu'à ce que le poisson morde à l'hameçon. Au campement, il faudra lever les filets et les faire griller sur le feu de bois, mais quel délice de les déguster au soleil couchant!

Jours 1 à 3

Ballangen – Forsahavet – Teppkil Tinden 🥾

Du camping à Ballangen, partez charger votre kayak à Forsahavet avant de naviguer dans l'Efjorden. Le campement établi au fond de la baie de Valle, gravissez le Teppkil Tinden (665 m) en 4h. Point d'orgue : marcher sur de grandes dalles de granit, certaines marquées de pétroglyphes d'ours et de marsouins que des éleveurs samis (lapons) y ont gravés. Passé le col de Buskardet, le sommet dégage un panorama à couper le souffle sur des fjords sinueux et des montagnes aux formes inusitées.

Jour 4

Teppkil Tinden – Bugervika 🥾

En kayak, sortez de l'Efjorden pour naviguer dans une eau turquoise en contournant des bancs de sable jusqu'à la baie de Skrovkjosen. Au campement de Bugervika, partez en balade sur le rivage au coucher du soleil, face aux îles Lofoten.

Jours 5 à 7

Bugervika – Tysfjorden – Stefjorden – Skarberget – Stefjordneset 🥾

Naviguez au fond de Stefjorden qui ouvre une vue magique sur le mont Stetinden (1 392 m), emblème de la Norvège au sommet quasiment coupé à l'horizontale. Ce décor de rêve

Norvège

Au bord du Stefjorden

Le nord de l'Europe

incite à s'initier à la pêche à la morue en kayak, sous l'œil des pygargues!

Le lendemain, suivez le sentier facile qui monte sur la crête de Skarberget pour admirer la perspective magique du Tysfjorden, le fjord le plus profond de la Norvège.

Le 7ᵉ jour, voguez dans le Tysfjorden jusqu'au Sildpollen, un plan d'eau cerné d'un grand cirque. Installez-vous sur la rive pour prendre votre lunch, puis poursuivez jusqu'à Stefjordneset, où vous pourrez camper face au mont Stetinden.

Jour 8

Stefjordneset – Kobbenestinden 🚶

Le sentier menant à Kobbenestinden débute gentiment, puis grimpe carrément jusqu'à un plateau. Poursuivez sur les dalles longilignes pour atteindre l'arête sommitale (826 m), devant l'image grandiose de Stetinden, de Tysfjorden et des îles Lofoten.

Jours 9 à 11

Kobbenestinden – Stefjorden – Fugfjordneset – Fredagsvika – Lifjellet 🚶

Après avoir traversé le Stefjorden, contournez en kayak l'île d'Haukøya et la presqu'île de Tommerasen avant de monter votre campement à Fugfjordneset, au bord de la baie de Tommer.

Le lendemain, poursuivez en kayak vers la baie de Fredagsvika au sud. En dépassant la pointe de Gindvik, vous verrez sûrement des bancs de harengs et peut-être même des orques ou marsouins qui les poursuivent.

Partez tôt du campement de la baie de Fredagsvika pour arpenter les flancs du massif Lifjellet. Vous foulerez des dalles de granit avant d'atteindre le sommet de Kjelkvikfjellet. Suit une longue montée dans les pierres, où poussent des orchidées sauvages. À 850 m, la crête dénudée offre un point de vue sur la baie de Skred, les plateaux granitiques et le dédale de fjords et de sommets majestueux.

Jour 12

Lifjellet – Tysfjorden – Kjøpsvik

Longez en kayak la rive du Tysfjorden, avec la grande île Hulløya sur votre droite. Retournez à la civilisation au port de pêche de Kjøpsvik.

Mont Stetinden

Mer de Norvège

Île Barøya

Bugervika

Teppkil Tinden

Korsnes

Skarberget

Tysfjorden

Île d'Haukøya

Baie de Tommer

Baie de Fredagsvika

Lifjellet

Île Hulløya

Kjøpsvik

Fugfjordneset

Stefjordneset

Kobbenestindøn

Ellfjorden

Forsahavet

NORVÈGE

Ballangen

🪧 Nos conseils

Excursion guidée

Des entreprises de tourisme d'aventure comme Allibert Trekking *(www.allibert-trekking.ca)* proposent des expéditions en randonnée-kayak. Cela vous évitera de vous soucier de la logistique complexe du transport du kayak, du matériel de camping et des produits alimentaires pour plusieurs jours.

Accompagné d'un guide, vous n'aurez pas non plus besoin de grandes connaissances en orientation (par carte, boussole ou GPS) pour marcher en dehors de sentiers balisés.

Prévoyez des vêtements chauds

La météo pouvant changer rapidement, même en été, emportez des gants, un bonnet et des vêtements imperméables avec vous.

Norvège

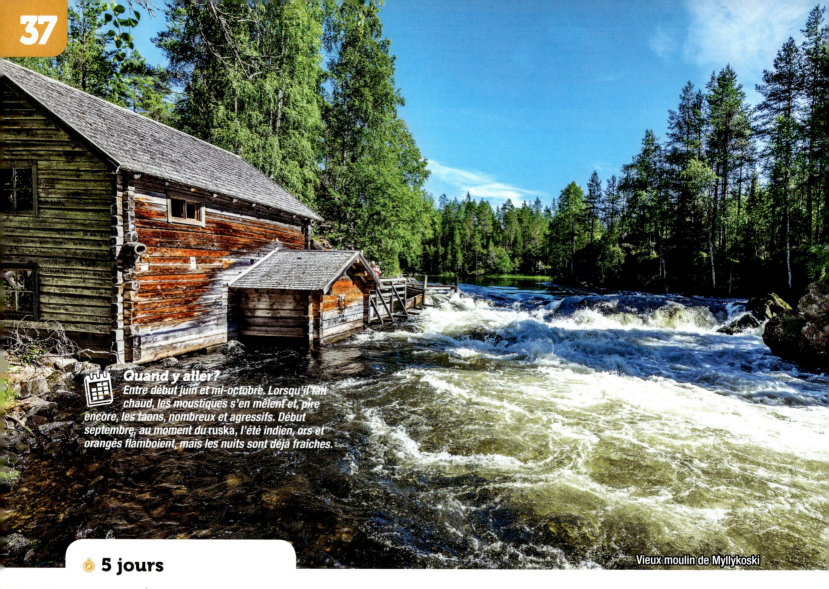

Quand y aller?
Entre début juin et mi-octobre. Lorsqu'il fait chaud, les moustiques s'en mêlent et, pire encore, les taons, nombreux et agressifs. Début septembre, au moment du ruska, l'été indien, ors et orangés flamboient, mais les nuits sont déjà fraîches.

Vieux moulin de Myllykoski

5 jours

De **Hautajärvi** à **Ruka**

Pour qui ? Pourquoi ?

Les randonneurs au long cours adoreront le caractère sauvage de cet itinéraire, pas trop difficile, mais traversant un territoire aux paysages variés, où l'homme est plus une exception que la règle.

Inoubliable…

Plonger dans les immensités du Grand Nord.

Se laisser envahir par la sensation d'explorer un des derniers bouts du monde.

Franchir les longs ponts suspendus qui enjambent lacs et rivières.

Tomber nez à nez avec une harde de rennes.

La nature sauvage du Circuit de l'Ours en **Finlande**

Drôle de parcours… Le Karhunkierros (« Circuit de l'Ours ») ne dessine pas une boucle, comme son nom semble l'indiquer en finlandais, mais traverse du nord au sud le superbe parc national d'Oulanka et les contrées sauvages qui l'entourent. On se trouve là aux confins de la Laponie, du cercle polaire et de la Russie, en pleine forêt boréale, randonnant entre landes et marais, canyons remuants, rivières aux eaux glacées et étangs spongieux, à la merci des insectes plus que des plantigrades (néanmoins présents dans le secteur)… C'est la plus célèbre randonnée de la Finlande, à saucissonner à sa guise, grâce aux multiples refuges qui émaillent le parcours.

Canyon d'Oulanka

Jour 1

Hautajärvi – Savilampi
🚶

Si l'itinéraire se parcourt dans les deux sens, il est plus classique de partir de Hautajärvi, une bourgade d'une grosse dizaine de fermes, extirpée à la nature vierge ambiante, par 66,5° de latitude nord. *Tervetuloa*, « Bienvenue », indique le portique en bois qui marque le début du sentier, dans un décor affirmé de bouleaux et d'épicéas. Des escaliers en bois grimpent les mamelons que le rouleau compresseur de la dernière glaciation a épargnés; des passerelles faites de deux planches accolées enjambent les zones humides. Puis, le souffle glacé de la rivière Savina rafraîchit bientôt l'atmosphère. Ses eaux frigides baignent le micro-îlot du rocher de Rupakivi, haut de 5 m. En ligne de mire, désormais : le refuge rustique de Savilampi, proche du confluent de la rivière Oulanka (Oulankajoki en finlandais), qui traverse de part en part le parc national du même nom.

Jour 2

Savilampi – Taivalköngäs – Centre des visiteurs d'Oulanka
🚶

Le détour est immanquable. Juste en amont de Savilampi se creuse le canyon d'Oulanka, une trace verticale inhabituelle dans les horizontalités finlandaises. La rivière, encore torrent, y blanchit au fond d'une gorge aux parois évasées, tapissées de résineux. Puis la marche vers le sud reprend, jusqu'à retrouver l'Oulankajoki au niveau des rapides de Taivalköngäs. En chemin vers le centre des visiteurs d'Oulanka (et son camping que fréquentent des rennes), l'itinéraire est rythmé par deux ponts suspendus et des panoramas sur les méandres du cours d'eau, qui se déroulent en contrebas des berges hautes, face à l'immensité de la forêt boréale.

Jour 3

Centre des visiteurs d'Oulanka – Kiutaköngäs – Jussinkämpä 🚶

Cette petite journée de marche débute par un des temps forts du parcours : les rapides de Kiutaköngäs. L'Oulankajoki s'y cabre sur 325 m de long, bouillonnant au pied d'une paroi rougeoyante. Quelques kilomètres plus avant, le Circuit de l'Ours quitte définitivement la colonne vertébrale aquatique du parc, pour plonger dans le silence de la forêt. On y passe la nuit, au refuge de Jussinkämpä, où les

Finlande

Rennes

Sur le Circuit de l'Ours dans les environs de Ruka

Le nord de l'Europe

mésangeais, peu timides, viennent volontiers picorer dans la main des randonneurs. De là, la Russie n'est qu'à 7 km à vol d'oiseau.

Jour 4

Jussinkämpä – Petit Circuit de l'Ours – Porontimajoki 🚶

Dévalant les « falaises » de Päähkänäkallio, le sentier rejoint la vallée de la Kitkanjoki. On y retrouve la boucle du petit Circuit de l'Ours (voir encadré). Il faut alors choisir quelle branche emprunter. Celle du Nord, plus bucolique, mais entrecoupée d'une sacrée collection de marches aux abords du belvédère de Kallioportti, passe en revue lacs, tourbières, collines et bois avant de redescendre vers la rivière Kitkanjoki et le vieux moulin de Myllykoski, amarré sur de petits rapides. L'itinéraire Sud, lui, progresse le plus souvent

Le Circuit de l'Ours, version réduite

Pas le temps d'une grande randonnée? Ne ratez pas le Pieni Karhunkierros, le petit Circuit de l'Ours. Cette marche de 5h à 6h (12 km) trace une boucle au départ du hameau de Juuma, desservie par la route. Au menu : le moulin de Myllykoski, le point de vue de Kallioportti, puis un parcours le long de la rivière Kitkanjoki, avec les 9 m de la chute de Jyrävä que tentent de franchir les saumons au début de l'été, puis les rapides d'Aallokkokoski. Un superbe avant-goût.

à touche-touche avec la rivière d'un bleu profond sous le soleil, dévoilant de jolis points de vue sur ses méandres. Les deux branches réunies, on gagne finalement le refuge de Porontimajoki à travers la forêt.

Jour 5

Porontimajoki – Ruka 🚶

C'est l'étape la plus corsée quant au dénivelé, pour clore ce dernier jour. Le parc national

d'Oulanka quitté, on rejoint la station de ski de Ruka en cheminant au flanc des *fells*, des sommets à la roche parcheminée, venteux et largement dénudés, qu'affectionnent les rennes en été pour leur relative absence de moustiques. On ne cesse, ici, de monter et de descendre. Les panoramas s'agrandissent, épousant un pays libre, tapissé de forêt et tacheté de lacs. Enfin, du mont Valtavaara, les installations de Ruka se dessinent. Mission accomplie.

Dans les environs de Taivalköngäs

Nos conseils

Un sentier parfaitement aménagé

Sur le Circuit de l'Ours (*www.nationalparks.fi/karhunkierros*), on trouve un camping près du centre des visiteurs du parc national d'Oulanka, ainsi que 10 abris et refuges gratuits, disponibles selon le principe du premier arrivé, premier servi. Mieux vaut emporter sa tente pour s'installer à côté au cas où ils seraient pleins. Ils disposent de toilettes sèches, poêle et bois de chauffe ; la plupart sont même munis d'une cuisinière à gaz !

Se rendre au point de départ

Un bus rejoint chaque jour (sauf le dimanche) Hautajärvi depuis Kuusamo et Ruka.

Approvisionnement

Des épiceries, situées à deux jours de marche d'intervalle, permettent de ne pas surcharger son sac. L'eau doit être filtrée ou bouillie.

Finlande

Quand y aller ?

Étant donné son extrême popularité, le Lake District est peu fréquentable en haute saison et l'on trouve difficilement à s'y loger. Toutefois, comme les Britanniques fréquentent beaucoup leurs parcs nationaux durant le week-end, on peut privilégier la semaine. Les mois de mai et juin ou octobre et novembre se prêtent merveilleusement à la marche, mais il faut s'attendre à de la pluie et du brouillard. Même en plein hiver, la région attire plusieurs irréductibles.

6 jours

Différentes randonnées dans le **Lake District National Park**

Pour qui ? Pourquoi ?

Le parc national du Lake District possède la particularité de combler toutes les clientèles, de la famille avec enfants aux marcheurs du dimanche, sans oublier les randonneurs aguerris en quête de nouveaux défis. L'offre de vélo et de loisirs nautiques y est également très riche.

Inoubliable…

Admirer 12 des plus grands lacs de l'Angleterre à partir des sentiers qui les longent ou des sommets qui les dominent.

Contempler des vallées glaciaires et des panoramas exceptionnels du haut de sommets, comme Helvellyn.

Séjourner dans le village romantique de Grasmere et savourer les réputés biscuits au gingembre que vend toujours le Grasmere Gingerbread Shop, installé dans la maison où vivait leur créatrice, Sarah Nelson, au milieu du XIXe s.

Lac Derwent Water

Le **Lake District**, paradis des randonneurs en Angleterre

Situé dans la région de Cumbria, au nord-ouest de l'Angleterre, le Lake District National Park s'avère le territoire naturel des superlatifs. Le vaste réseau de sentiers et de circuits de randonnée qu'il compte (plus de 3 100 km) est renversant. Il s'agit du second parc établi au Royaume-Uni (1951), du plus grand et plus fréquenté, avec 16 millions de visiteurs annuellement. Les lacs glaciaires qui s'y trouvent marquent un paysage sculpté de larges vallées escarpées et couvert d'une végétation résiliente. Certains points de vue évoquent la dureté de la nature nordique alors que les lacs s'insèrent dans une forêt bucolique.

Lac Ullswater

Vue sur la baie Brandlehow

Jours 1 et 2

Ullswater Way 🥾

Point de départ : Glenridding
ou Pooley Bridge

Ce long sentier de 32 km, qui fait le tour du lac Ullswater, peut être parcouru en deux temps; en partant de Glenridding, par exemple, vous pouvez faire une étape à Pooley Bridge et compléter le circuit le lendemain, sur l'autre versant du lac. Vous pouvez également le faire en partie et retourner en bateau ou en bus.

Il est aussi possible d'ajouter 8 km en étirant le tracé sur la Dalemain Loop, au nord de Pooley Bridge, pour voir des vestiges antiques.

L'embranchement d'une autre boucle de 12 km, la Lowther Castle Loop, à l'est de Pooley Bridge, vous fera découvrir les prairies verdoyantes et les sous-bois le long de la rivière Lowther ainsi que quelques monuments préhistoriques et une ancienne route romaine, High Street.

Une région singulière

De nombreuses particularités historiques et culturelles distinguent le Lake District, dont ses maisons blanches et leurs dépendances traditionnellement traitées à la chaux. L'omniprésence de murets de pierres sèches qui divisent les champs frappe aussi les yeux, de même que la race de moutons gris qui y paissent, les Herdwick, que les Vikings ont introduits dans la région.

Une maison traitée à la chaux de la région

Vue depuis le mont Cat Bells

Le rocher The Lion and the Lamb

Le nord de l'Europe

Finalement, dans le même secteur, un autre sentier présente un défi appréciable de 8 km et 635 m de dénivelé en faisant le tour des monts Heron Pike, Sheffield Pike et Glenridding Dodd. Il dégage des vues superbes sur le lac Ullswater (départ du stationnement du National Trust de Glencoyne Bay).

Jour 3

Langdale Pikes 🚶

Point de départ : stationnement de New Dungeon Ghyll

Les marcheurs sportifs sont avides de montées sur les sommets pour admirer les perspectives qu'ils révèlent. Le secteur du Langdale Fell a l'avantage de posséder un sentier de 10,5 km, classé difficile, qui permet d'accéder aux quatre pics les plus élevés de cette partie du parc (jusqu'à 770 m). Les indications sur la piste étant rares, il est important de demeurer sur le sentier.

Jour 4

Helvellyn 🚶

Point de départ : Glenridding

Si vous suivez un défilé de marcheurs, vous risquez de vous retrouver sur le sentier le plus convoité des adeptes de randonnée, mais aussi le plus difficile (900 m) : celui qui conduit au spectaculaire sommet Helvellyn en passant aux abords des jolis lacs Red Tarn et Grisedale Tarn. Il suit une crête dénudée, parfois vertigineuse.

Jour 5

Cat Bells et Brandlehow Bay 🚶

Point de départ : stationnement près du mont Cat Bells

Voilà un sentier facile et agréable, qui fait 6 km de longueur et à peine 375 m de déni-velé. La piste s'inscrit magnifiquement sur l'arrête du mont Cat Bells dans un enchaîne-ment de montées et descentes en douceur. Le lac Derwent Water est la vedette du parcours. Après l'étape de Cat Bells, poursui-vez vers la baie Brandlehow pour suivre le lac jusqu'à votre point de départ.

Jour 6

Helm Crag 🚶

Point de départ : Grasmere

Vous pouvez prendre *LA* photo que tout le monde veut rapporter et diffuser devant le rocher nommé The Lion and the Lamb, sur le sommet du mont Helm Crag. Le paysage à 360 degrés que dévoile cette randonnée de 6,4 km (dénivelé de 341 m) est un des plus grandioses du pays.

Descente du mont Helvellyn

Nos conseils

Sud? Nord? Intégral? Dans quel sens?

La pratique générale dans le Lake District veut que l'on choisisse un ou deux sentiers par jour en se déplaçant d'un secteur du parc à l'autre (la location d'une voiture est presque indispensable pour ces déplacements). Le vaste choix permet de combler des mois de randonnées quotidiennes et de profiter du programme étoffé de randonnées guidées que propose le parc.

Avec ou sans confort

Quant à être dans la vieille Angleterre, pourquoi ne pas profiter de l'hospitalité de ses nombreux gîtes et petits hôtels pittoresques? Le flot de visiteurs se concentre autour de Windermere, mais vous trouverez plus de calme et de charme à Grasmere ou dans les autres villages de la région. Le parc compte également de nombreux campings et « glampings » pour tous les goûts.

La préparation

Préparer un séjour dans le parc national Lake District exige une consultation minutieuse des cartes pour bien visualiser le territoire, ses différents reliefs et l'interconnexion des villages et des sentiers. Ces cartes sont disponibles sur le site Web du parc et dans ses postes d'accueil.

Angleterre
(ROYAUME-UNI)

Workington

Cockermout

Whitehaven

Penrith

Keswick

Pooley Bridge

Lac Derwent Water

Glenridding Dodd

Lac Ullswater

Rivière Lowther

Lowther Castle Loop

Cat Bells

Sheffield Pike

Glenridding

Helvellyn

Haweswater Reservoir

Helm Crag

Heron Pike

Langdale Pikes

Grasmere

Lake District National Park

Torver

Lac Coniston Water

Lac Windermere

Kendal

Mer d'Irlande

Royaume-Uni

Le nord de l'Europe

Quand y aller?
Dès le début mai, lorsque reviennent les oiseaux marins, et avant le début août, lorsque la plupart repartent (dont les macareux moines).

Falaises de Látrabjarg

1 jour

Boucle au départ de **Bjargtangar**

Pour qui ? Pourquoi ?

Inutile d'être un grand randonneur pour longer les falaises de Látrabjarg : il suffit de ne pas être sujet au vertige et de se méfier des rebords instables et des vents parfois violents.

Inoubliable…

S'émerveiller du ballet ininterrompu de millions d'oiseaux criaillant dans l'air marin.

Admirer les falaises sous l'éclat doré du soleil de minuit.

Photographier les macareux moines à bout portant… ou presque.

Islande : les falaises de **Látrabjarg**, tout au bout de l'Europe

Dans le nord-ouest de l'Islande, loin des foules, une colossale péninsule découpée en longues langues rocheuses et en fjords profonds défie les tempêtes atlantiques et les vents mauvais soufflant du Grand Nord. Battue par les rouleaux, la côte se pare ici de falaises homériques où, chaque printemps, des millions d'oiseaux marins reviennent nicher. À Látrabjarg, au flanc de 14 km de parois ininterrompues (atteignant 441 m de haut!), s'étagent fulmars, goélands, simples mouettes, guillemots et autres petits pingouins. Les charmants macareux moines, aux airs de clowns miniatures, creusent, eux, leur terrier au sommet des falaises, avec vue. Ils ne sont nulle part aussi peu farouches qu'ici.

Macareux moines

OCÉAN ATLANTIQUE

Breiðavík

Patreksfjörður

ISLANDE

Bjargtangar

Keflavik

Falaises de Látrabjarg

Falaises de Látrabjarg 🚶

Atteint par une piste carrossable glissant entre landes austères, vallées aux fermes isolées et plages de sable désertes, Bjargtangar marque l'extrémité occidentale de l'Europe (Açores exceptées). Le cercle polaire n'est pas loin et on se trouve plus près du Labrador que de Paris! Les spectaculaires falaises de Látrabjarg y déroulent leur mur face à l'océan. La bruine y ruisselle souvent des jours entiers. Mais le printemps ramène les beaux jours et les oiseaux marins.

Une sente qui longe le précipice permet de s'en approcher, un peu, beaucoup, passionnément. Goélands et mouettes défendent leur territoire de misère, en déséquilibre au-dessus du vide. Guillemots et petits pingouins vivent en colonies, tout à leurs amours et prises de bec. Macareux moines battent à la folie leurs trop courtes ailes. En juin, lorsque le soleil oublie de se coucher, tous vont et viennent sans interruption, se gorgeant de poisson. Qu'on longe les falaises sur des kilomètres ou sur quelques mètres, le spectacle est partout.

🪧 Nos conseils

Pour prendre les meilleurs clichés des macareux, mieux vaut s'approcher d'eux tout doucement, en se tapissant dans l'herbe.

Même l'été, le temps est changeant. Bruines et brumes succèdent rapidement au soleil. Les rochers deviennent alors glissants et le vide disparaît de la vue. Danger!

Campez face à la plage sauvage de Brunnar, 2 km avant Látrabjarg, ou à la ferme de Breiðavík, qui propose aussi des chambres.

Un détour de 20 km vous conduira sur l'admirable plage sauvage de Rauðisandur.

Cet itinéraire peut être combiné aux randonnées du volcan Krafla (voir p. 162) et du Laugavegur (voir p. 186).

Islande

Quand y aller?
À la belle saison, de la fin mai à la fin août de préférence. En hiver, le lac Víti gèle et devient moins spectaculaire, sauf sa découverte juste avant ou après, sur fond de neige.

Le cratère Víti et son lac

Le nord de l'Europe

1 jour

3 balades autour
du **volcan Krafla**

Pour qui ? Pourquoi ?

La balade dans le secteur du Krafla est accessible à tous les randonneurs, à la condition de porter de bonnes chaussures (la lave est abrasive)!

Inoubliable...

Parcourir une coulée de lave, encore tiède par endroits.

S'émerveiller de la couleur turquoise invraisemblable du lac Víti.

Photographier les fumerolles et bassines de boue bouillonnante de Hverfjall.

Se baigner dans des sources chaudes aménagées!

Phénomènes naturels autour du **volcan Krafla** en Islande

Dans le nord de l'Islande, le grand lac Mývatn (« lac aux mouches »), entouré de paisibles collines aux pâturages verdoyants, précède un territoire austère, modelé par les éruptions récurrentes du volcan Krafla. Les géologues évoquent même un système volcanique entier, lardé de fractures, qui se manifeste de bien des façons. Ici, des petits pseudo-cratères phréatiques, créés par des éruptions de vapeur. Là, des fumerolles et des mares de boue bouillante. De vieilles coulées de lave que l'on parcourt à pied et l'invraisemblable lac Víti, dont on fait consciencieusement le tour, médusé par sa couleur de lapis-lazuli.

Une fumerolle de Hverir

Volcan
Krafla/
Cratère Víti

Leirhnjúkur ●

●

ISLANDE

● Reykjahlíð

Mývatn

■ **Hverir**

Bassins de boue de Hverir

Bassins de boue de Hverir 🚶

Les anciens évoquent ses fontaines de lave. De 1975 à 1984, le volcan Krafla a connu pas moins de neuf éruptions, qui ont largement redessiné sa vaste caldeira. En voiture, on gagne d'abord les marmites de boue et les grandes fumerolles de Hverir, sourdant du sol dans un bruit de cocotte-minute, pour une gentille balade dans un décor de monde naissant. L'odeur de soufre, portée en tourbillons par le vent puissant, est pestilentielle. Le sol est bouillant : le thermomètre grimpe par endroits à 200°C.

La vapeur qu'émet la chambre magmatique du Krafla, située 2 km sous la surface, alimente la proche centrale géothermique de Kröflustöð.

Leirhnjúkur 🚶

On se gare juste après, pour une marche (1h30) à travers la coulée de magma figé de Leirhnjúkur, encore fumante par endroits dans la fraîcheur matinale ou vespérale. Ici et là, la croûte de lave craque sous les pieds. Des taches de mousses vertes tapissent la roche où des mares aux couleurs improbables se sont formées.

Cratère Víti 🚶

Mais le plus beau se trouve au-delà : le petit cratère Víti (« enfer ») renferme un extraordinaire lac d'un vert jade laiteux. On en fait le tour (1h) en mangeant des yeux les taches jaunes du souffre et les flaques orange chrome.

🪧 Nos conseils

Faites autant que possible votre excursion par beau temps : le lac Víti vous séduira bien plus sous le soleil !

Prévoyez une visite à la centrale géothermique de Kröflustöð (juin à mi-septembre).

Après l'effort, le réconfort : plongez dans les eaux alcalines des sources chaudes du lac Mývatn (Jarðböðin við Mývatn). Un souvenir impérissable.

Hébergement : on loge autour du lac Mývatn. Les petits budgets privilégieront les gîtes proposant la formule *sleeping bag accommodation* (avec son propre sac de couchage).

Cet itinéraire peut être combiné aux randonnées des falaises de Látrabjarg (voir p. 160) et du Laugavegur (voir p. 186).

Islande

Quand y aller ?

Le printemps étant particulièrement hâtif dans cette région, les mois d'avril et mai jouissent d'une température souvent agréable et permettent l'observation de la flore en pleine éclosion, de la faune ailée active et de nombreux nouveau-nés dans les pâturages. L'affluence estivale s'avère quasi délirante, mais il n'y a pas de saison où la marche ne puisse être pratiquée ici.

Le nord de l'Europe

- **3 jours**

- De **Glynde** à **Eastbourne**

Pour qui ? Pourquoi ?

- *Cette randonnée s'adresse à tous les types de marcheurs. La magnifique progression du milieu rural vers la côte de la Manche, non loin de la bouche de la mer du Nord, les plonge dans un milieu fabuleusement verdoyant et paisible, relativement accidenté, qui enveloppe littéralement.*

Inoubliable…

- *Voir les falaises des Seven Sisters apparaître à l'approche de Seaford, un éblouissement qui marque la mémoire.*
- *Marcher sur le faîte des falaises du South Downs Ridge.*
- *Visiter les hameaux chargés d'histoire, comme Firle, et faire une pause au pub local, le Ram Inn.*

Les **Seven Sisters,** merveilles du Sussex

À moins de deux heures de train de Londres, les Seven Sisters, d'impressionnantes falaises de craie blanche qui longent la côte du sud-est de l'Angleterre dans la région du Sussex, attirent annuellement des centaines de milliers de marcheurs du dimanche. Peu d'entre eux prennent le temps de se laisser imprégner par la découverte progressive de cet environnement singulier en y parvenant depuis l'arrière-pays pastoral. Pourtant, ce territoire propose maintes possibilités de randonnées de quelques jours, dont l'une semble faire l'unanimité quant à son charme envoûtant. Elle s'étire du nord au sud sur 27 km, de Glynde jusqu'à la station balnéaire de Seaford, et peut se poursuivre en bord de mer.

La vallée de Cuckmere

Les Seven Sisters

Les falaises de craie des Seven Sisters, une des images iconiques de l'Angleterre, font partie du South Downs National Park dont le réseau de sentiers s'étire sur 160 km, de Eastbourne à Winchester. La rive elle-même, au sud du parc, est protégée par le Seven Sisters Country Park, qui compte deux campings rustiques et des sentiers riverains.

Les falaises blanches sont apparues dans nombre de films, dont *Robin des Bois, prince des voleurs*, ainsi que dans des téléséries populaires.

Jour 1

Glynde – Firle – Alfriston 🚶

Le premier jour de randonnée (11 km) vous conduit à travers le South Downs National Park, sur une alternance de collines et de vallons, avec des montées et descentes en douceur. Vous marcherez en milieu agricole en traversant parfois des champs en culture, des fermes ou des pâturages, des panoramas bucoliques à fendre l'âme où le mouton est roi. Seul danger omniprésent, l'ortie qui brûle au toucher. Faites une pause à Firle où le sentier croise le pub du Ram Inn. Nuitée à Alfriston.

Jour 2

Alfriston – Seaford 🚶

Avant d'atteindre la côte sur ce segment de 16 km, vous suivrez la vallée du Cuckmere, un étroit ruisseau inondé par la marée qui se transforme en large méandre avant de toucher la Manche sur une immense plage encadrée de gigantesques falaises, irrésistible malgré les galets. On y distingue encore d'anciennes défenses militaires que l'érosion grignote. La beauté de la campagne anglaise et des maisons vermoulues, la mer qui apparaît à l'horizon au-delà du méandre… Tout y est!

En entrant à Seaford, vous aurez l'impression d'être dans une fête foraine, avec manèges, casse-croûte sur la plage, musique, cabines d'habillage et arcades.

Royaume-Uni

Beachy Head

East Grinstead

Tunrnbridge Wells

Cranbrook

Biddenden

Ashford

Douvres

Lympne

Folkestone

Crowborough

Woodchurch

Angleterre
(ROYAUME-UNI)

Dymchurch

Maresfield

New Romney

Peasmarsh

Uckfield

Horam

Camber

Dungeness

Battle

Glynde

Firle

Bexhill-on-Sea

South Downs National Park

Alfriston

Hastings

M a n c h e

Newhaven

Seaford

Eastbourne

Beachy Head

Dover Coastal Trail

Jour 3
Seaford – Eastbourne 🚶

De Seaford, vous pouvez poursuivre la randonnée sur 16 km vers l'est, jusqu'à la ville d'Eastbourne. Le sentier se déroule sur la crête des falaises les plus élevées, qui affichent un dénivelé total de 526 m et des panoramas à couper le souffle. Le tracé peut devenir boueux par temps pluvieux. La pause au National Trust Cafe de Beachy Head, à mi-chemin, est un incontournable.

Randonnée complémentaire :
Douvres 🚶

Quant à se retrouver dans le sud de l'Angleterre, pourquoi ne pas bouger d'une centaine de kilomètres vers le Kent, à partir d'Eastbourne, et aller marcher sur les falaises blanches de la ville portuaire de Douvres?

Une multitude de randonnées est proposée dans ce secteur urbain, industriel, historique et naturel. La plus pertinente demeure sans doute celle du Dover Coastal Trail, un aller-retour de 38 km.

Le circuit peut démarrer en plein secteur urbain, devant les installations portuaires, près du quai Wellington. Mais, pour l'éviter et faire plus court, vous pouvez partir du secteur The Front, 10 km plus à l'est. C'est là que se trouve le White Cliffs of Dover Visitor Centre. Le sentier suit Langdon Hole et Fan Point jusqu'au site du South Foreland Lighthouse, construit en 1843, où Marconi obtint ses premiers succès de communication maritime. Il s'étire ensuite le long de la côte en passant par Deal, jusqu'aux abords de Sandwich.

🧭 Nos conseils

D'où à où et dans quel sens?

Le départ de Glynde permet d'amorcer la randonnée loin de la cohue et de trouver plus facilement du stationnement. Peu importe l'itinéraire que vous choisirez, le retour se fait facilement en train ou en bus.

Avec ou sans confort

Les stations balnéaires riveraines présentent un alignement de grands hôtels souvent vieillots, mais néanmoins séduisants. Les prix varient beaucoup, mais demeurent très accessibles hors saison. Entre Glynde et Seaford, vous trouverez de très sympathiques gîtes, quelques fois centenaires, douillets et chaleureux. Vous pourrez donc choisir le confort à prix abordable.

La préparation

Pas besoin d'une grande préparation pour entreprendre cette randonnée, sinon les indispensables réservations. Apporter un casse-croûte permet de pique-niquer sur l'herbe et, comme partout au Royaume-Uni, les vêtements imperméables sont indispensables.

Royaume-Uni

Quand y aller ?

Le climat océanique de l'Atlantique Nord arrose copieusement l'Irlande et surtout ses zones côtières. Il n'y a qu'à la belle saison, de mai à octobre, que la météo donne un peu de répit. Les journées ensoleillées sont plus fréquentes et le vent est moins vigoureux.

Skellig Rocks

9 jours

Boucle au départ de **Killarney**

Pour qui ? Pourquoi ?

Ce circuit s'adresse aux marcheurs sensibles à la randonnée contemplative plutôt qu'à la performance sportive. Pour découvrir de pittoresques villages animés et parcourir des paysages verdoyants qui ondulent élégamment jusqu'à des falaises vertigineuses que sculpte sans relâche l'océan agité.

Inoubliable…

- *S'émerveiller devant la fabuleuse baie de Dingle.*
- *Se sentir tout petit du haut des sentiers de crête en profitant d'une vue à 360° sur un paysage grandiose.*
- *Admirer le majestueux massif MacGillycuddy's Reeks et son sommet, le Carrauntoohil (1 039 m), le point culminant de l'Irlande.*
- *Découvrir la somptueuse baie de Ballinskelligs et sa superbe plage de sable blond.*
- *Succomber au charme des villages colorés lors de haltes conviviales autour d'une bonne pinte.*

La **Kerry Way**, un bijou de randonnée dans l'île d'Émeraude

Beaucoup plus qu'un sentier de randonnée, la Kerry Way (« Voie Kerry ») est un trésor national pour les marcheurs irlandais. En parcourant cette boucle de 200 km, vous traverserez une lande sublime qu'orne une mosaïque verdoyante, luisante sous les rayons d'un soleil frivole. Les seules limites de ce cadre prodigieux sont les falaises effilées qui plongent dans l'océan et les murets médiévaux qui quadrillent de grasses prairies constellées de moutons. Le voyage débute à Killarney et épouse les contours tranchants de la péninsule d'Iveragh. Il est ponctué de haltes conviviales dans de charmants villages bigarrés où, autour d'une pinte de la célèbre bière noire, vous découvrirez la légendaire hospitalité d'un peuple chaleureux.

Dans les environs de Black Valley

Excursion aux mystiques Skellig Rocks

Après votre quatrième étape à Cahersiveen, vous ne serez qu'à quelques kilomètres du petit village maritime de Portmagee, point d'embarquement pour les extraordinaires Skellig Rocks, deux petites îles qui surgissent de l'océan dans une atmosphère magique. Ce lieu hors du commun a servi de décor naturel pour le tournage de deux épisodes de la saga *La Guerre des étoiles* : *Le Réveil de la Force* et *Le Dernier Jedi*. Même si cette excursion ne fait pas partie de cet itinéraire, il s'agit d'une étape marquante d'un voyage en Irlande. Ce site époustouflant, où se trouvent les vestiges d'un monastère du VIe s., est inscrit au patrimoine mondial de l'UNESCO.

Jour 1

Killarney – Black Valley 🚶

Au départ de l'office de tourisme de Killarney, longez le vaste lac Lough Leane en suivant Muckroass Road vers le sud. Si vous désirez plutôt éviter de marcher à travers la ville, empruntez la navette qui vous conduira directement au sentier, tout près de l'impressionnante cascade Torc (Torc Waterfall), après laquelle vous rejoindrez un paysage dégagé et herbeux. Le sentier augmente en déclivité jusqu'au point culminant de cet itinéraire (300 m). Puis, c'est la descente avec au loin le paysage du parc national de Killarney. Vous passerez à proximité d'Upper Lake et pourrez vous restaurer au Lord Brandon's Cottage avant d'arriver à la Black Valley.

Jour 2

Black Valley – Bridia Valley – Glencar 🚶

En quittant la Black Valley, vous vous retrouverez au milieu d'un vaste champ peuplé de moutons. Le sentier grimpe progressivement pour atteindre un col, et vous aurez l'occasion de monter et descendre en altitude à maintes reprises avant d'arriver finalement en vue de la Bridia Valley. Progressivement, plusieurs maisons apparaissent le long du trajet ainsi que des lieux propices à la restauration. Vous voici arrivé à votre escale pour la nuit : Glencar, à proximité du Lough Acoose, un lac entouré de montagnes, réputé pour la pêche à la truite.

Jour 3

Glencar – Glenbeigh 🚶

C'est parti pour 18 km de marche dans une région connue pour son climat difficile. Le sentier est souvent inondé. Vous

Kenmare

Killarney

Lough Leane

Parc national de Killarney

Cascades Torc

Glenbeigh

Dingle Bay

Glencar

OCÉAN ATLANTIQUE

Cahersiveen

IRLANDE

Bridia Valley

Black Valley

Molls Gap

Valentia Island

Portmagee

Kenmare

Waterville

Sneem

Lough Currane

Ballinskelligs Bay

Kenmare Bay

Caherdaniel

Glengarrif

Le nord de l'Europe

devrez marcher pendant un certain temps le long de la route principale. Champs, marécages, et forêts moussues caractérisent une partie de votre journée. Le chemin grimpera pendant quelque temps pour vous hisser au sommet d'un col offrant une vue époustouflante sur Dingle Bay et, au loin, l'imposant massif Macgillycuddy's Reeks. Puis, c'est la descente jusqu'à Glenbeigh.

Jour 4

Glenbeigh – Cahersiveen 🚶

C'est une grosse journée, avec 30 km à parcourir par un chemin relativement pentu qui longe la fabuleuse Dingle Bay. Au terme de ce trajet se trouve votre étape, Cahersiveen, où vous aurez l'option de vous rendre à Portmagee et d'embarquer pour les Skellig Rocks (voir encadré). Pour l'instant, quittez

Glenbeigh en marchant le long de la route N70, puis tournez à gauche pour récupérer la Kerry Way. Vous traverserez des zones boisées, des terres agricoles et des collines, pour enfin découvrir l'océan et arriver à Cahersiveen.

Jour 5

Cahersiveen – Waterville 🚶

Ce parcours de 30 km promet d'être physique par rapport aux autres, car il s'effectue principalement en terrain compliqué: cailloux, marécages, boue et montées. Malgré tout, les paysages magnifiques font oublier la fatigue, surtout depuis les nombreuses crêtes qui ponctuent cette randonnée. Arrivé à Waterville pour une halte bien méritée, allez vous sustenter au Fishermen's Bar du Butler Arms Hotel. L'ambiance y est chaleureuse et la nourriture excellente.

Jour 6

Waterville – Caherdaniel 🚶

Un peu de répit après les longues étapes des derniers jours avec un joli itinéraire (16 km) de crêtes et de vues dégagées sur la superbe Ballinskelligs Bay et son immense plage. Des moutons vous accompagneront souvent au cours de votre promenade. Attention aux portions boueuses. Le sentier grimpe quelque peu et la majorité de son tracé offre une vue sur la mer. Il vous suffira de quelques heures pour atteindre votre destination du jour, Caherdaniel.

Jour 7

Caherdaniel – Sneem 🚶

Aujourd'hui, vous allez parcourir la même distance qu'hier. Quittez Caherdaniel en

Ballinskelligs Bay

marchant un temps sur la route N70 pour emprunter la Old Butter Road qui traverse un paysage de champs, de collines et de pâturages de moutons et bovins. Les sommets du parc national de Killarney se dessinent à l'horizon. Voici votre étape, le joli village bariolé de Sneem, avec ses pubs et restos accueillants.

Jour 8

Sneem – Kenmare 🚶

Levez-vous relativement tôt, car une journée de 30 km (8h à 10h) de marche vous attend. Si cette semaine de randonnée vous a fatigué, vous pouvez faire cette étape en transport en commun puisque la route se déroule parallèlement au sentier. Le tracé longe d'abord la rivière Kenmare et, à mi-chemin, traverse le Blackwater Bridge. Avant d'atteindre votre escale, vous

profiterez d'une vue époustouflante sur la baie de Kenmare et sa charmante ville éponyme, qui compte de nombreux bons restaurants.

Jour 9

Kenmare – Killarney 🚶

Pour conclure cette randonnée épique, rien de tel que d'épiloguer avec une balade relativement relaxante de quelque 25 km pour atteindre Killarney en environ 6h. Inutile de vous presser, prenez le temps de profiter un peu plus longtemps de Kenmare en dégustant un excellent petit déjeuner chez Mick and Jimmy's, sur Henry Street. Le tronçon final vous conduira jusqu'à Killarney et ses lacs à travers une vaste vallée où les moutons paissent en toute quiétude.

Nos conseils

S'héberger

Les *bed and breakfast* sont pris d'assaut en haute saison. Pensez à réserver longtemps à l'avance. Les plus aventureux préféreront les campings privés, nombreux, qu'il n'est pas forcément nécessaire de réserver pour un court séjour.

Se déplacer

Tout comme en Angleterre et en Écosse, on roule à gauche en Irlande! Prenez garde en marchant sur le bas-côté ou en traversant la route.

S'équiper

La pluie peut s'inviter pendant plusieurs jours, sans oublier le vent, presque constant. Équipez-vous en conséquence. Les vêtements étanches et respirants sont à privilégier. Portez des chaussures de marche bien montantes et parfaitement étanches, car le sentier est souvent boueux et marécageux.

Mais ce n'est pas une raison pour négliger la crème solaire et un bon chapeau. En effet, un soleil parfois accablant succède aux périodes pluvieuses.

Irlande

Le village de Reine et le Reinebringen

Le nord de l'Europe

1 jour

Ascension au départ du village de **Reine**

Pour qui ? Pourquoi ?

Il faut être physiquement et mentalement solide en raison de la raideur de la pente et du caractère vertigineux de l'ascension… mais quel point de vue!

Inoubliable…

Sentir l'adrénaline monter au fur et à mesure de l'ascension et du vide qui s'impose.

Découvrir, du sommet, la vue à couper le souffle sur l'archipel des Lofoten.

Rester bouche bée face aux montagnes qui surgissent de l'océan.

Le nid d'aigle du
Reinebringen
en Norvège

Est-ce vraiment une randonnée, ou juste une longue succession de marches? Encore harassante malgré l'aménagement d'escaliers au cours de l'été 2019, l'ascension du Reinebringen (448 m) mène à un point de vue aussi imprenable que vertigineux sur la cohorte de pics dentelés, de falaises, de fjords et de bras de mer qui constituent l'âme des îles Lofoten (voir aussi p. 144), ce superbe archipel norvégien amarré au nord du cercle polaire. En bas, tout en bas, le village de Reine étale ses maisons blanches et ses *rorbuer* (cabanes de pêcheurs) de bois rouge sur les îlots et les rochers.

Au sommet du Reinebringen

Veinestinden

NORVÈGE

Reinevatnet   Gravdalsbukta

Reinebringen   Reine

Austerdalsvatnet

Ramsvika   Vestfjorden

Munkan

Ascension du Reinebringen 🚶

Au fil des ans, le point de vue s'est imposé, devenu iconique. Du haut du Reinebringen, c'est l'essence des Lofoten qui se dévoile en un coup d'œil panoramique mêlant intimement la roche et l'océan.

Les bons marcheurs y parviennent en 1h à peine, au prix d'une grosse suée au fil d'un interminable escalier entrecoupé de 1 560 grosses marches de pierre atteignant presque le sommet. Il y a peu, il fallait encore crapahuter au flanc de la montagne,

entre boue et rochers glissants, en s'aidant de cordes!

Si la balade débute entre bouleaux et buissons, la pente s'accuse vite et les marches s'empilent. Il faut reprendre son souffle, souvent, en gardant un œil sur le vide qui grandit et attire. Finalement, l'escalier laisse la place à un chemin un peu flou, courant dans l'herbe ravinée de la croupe sommitale, avant que le regard ne bascule d'un coup dans le vide : 448 m plus bas, le puzzle des îlots et péninsules du village de Reine, terré à l'orée de son fjord, répond aux spectaculaires cascades de falaises qui l'enserrent. Magique.

➤ Nos conseils

Une ascension très populaire

En plein été, de 800 à 1 000 visiteurs tentent chaque jour de rejoindre le sommet du Reinebringen. Mieux vaut venir tôt ou en fin de journée pour pouvoir profiter d'une plus grande sérénité, d'une plus belle lumière et... des places disponibles sur les stationnements les plus proches du début du sentier (à 500 m de part et d'autre).

Objectif alternatif

Face à l'engouement des marcheurs pour le Reinebringen, on peut lui préférer un sommet alternatif, comme le Veinestinden, situé juste derrière. La randonnée (5h30), plus diverse, enchaîne lac, cascade et montée sur le flanc herbeux de la montagne. Du haut, le point de vue n'a pas grand-chose à envier à celui du Reinebringen. Si les îles de Reine sont plus distantes, les hauts sommets de l'ouest de l'île et les fjords du fond de la baie sont plus proches. Très beau aussi dans le secteur, et plus facile : le Munkan (5h).

Norvège

Sur le sentier de Knivskjellodden

Le nord de l'Europe

⌀ **1 jour**

⌀ Boucle au départ de la **route du cap Nord**

Pour qui ? Pourquoi ?

⌀ *Inutile d'être un grand randonneur, pour peu que l'on soit prêt à endurer six à sept heures de marche aller-retour en terrain souvent humide. Au bout : le bout de l'Europe!*

Inoubliable…

⌀ *Ressentir le silence et la solitude en traversant les collines rocailleuses.*

⌀ *Sourire en découvrant la silhouette d'une harde de rennes à l'horizon.*

⌀ *Inscrire son nom dans le livre des randonneurs, tout au bout du bout du continent.*

Knivskjellodden, à l'assaut du *vrai* cap Nord en Norvège

Tout au nord de la Norvège, l'île de Magerøya s'amarre aux confins du monde des hommes, ses côtes balayées par d'homériques tempêtes soufflant de l'Arctique. Au printemps, lorsque le soleil de minuit sort de sa longue retraite hivernale, les touristes reviennent. Au centre des attentions : le cap Nord, cette extrémité annoncée du continent européen, où 300 m de falaises se déversent en mer, par 71° 10′ 21″. Qui sait, parmi eux, que le « vrai » cap Nord se trouve ailleurs? À 1 400 m plus au nord, précisément, au bout d'un sentier de 8,8 km. Son nom? Le Knivskjellodden. Sa latitude? 71° 11′ 08″.

Skua

Le départ 🚶

Le point de départ du sentier du Knivskjellodden se situe sur la route E-69 à environ 6 km avant le début du cap Nord « touristique ». On y trouve une petite aire de stationnement affichant une carte de la commune du Cap-Nord (Nordkapp). Le paysage est austère. Aussi loin que porte le regard ondule une terre caillouteuse que la neige et le froid ont brûlée par endroits. Seules quelques hautes barrières de bois, destinées à retenir la neige durant les blizzards hivernaux, entravent le regard.

Même en été, un voile de brume enrobe souvent le plateau nu et cabossé, entre-coupé de pierriers, de rochers, de gués et de passages tourbeux, que franchissent ici et là de gros cailloux ou quelques planches. Le sentier est rugueux, spongieux lorsque le pergélisol dégèle, mais y marcher n'est pas très difficile. Le dénivelé est faible, l'orientation plutôt aisée à première vue : de grands cairns signalent la direction à suivre. La balade se corse, toutefois, lorsqu'une nuée passe et s'accroche au paysage; il faut alors attendre que le vent chasse le voile pour retrouver la marque suivante… Parfois ami, il se fait aussi ennemi lorsque, forcissant, il fait rouler sur les crêtes des nuages lourds de menaces.

L'approche 🚶

Après 2h de marche, une large encoche bleue se découpe au-dessus de la nudité rocailleuse du plateau. Surgit dans le lointain la barre de falaises noires du cap Nord et, plus près, un petit lac aux eaux à peine ridées que n'égaye aucun oiseau. S'immisçant dans une courte vallée herbeuse, le sentier descend vers le littoral. Par temps humide, si fréquent, la boue enrobe les semelles, transformant le chemin en patinoire. La silhouette d'un skua, ailes déployées, frôle alors parfois la tête des randonneurs, une fois, puis deux. Le message est clair : ceci est son territoire.

Les rochers, en dévers, se font glissants, mais la côte approche. Lorsque le bruit du ressac s'impose, il reste près de 2 km à parcourir en longeant l'océan, au fil d'une péninsule effilée. Sur les eaux d'un bleu intense bave l'écume timide des beaux jours. Mais lorsque le ciel s'obscurcit, que le vent se lève, la houle gonfle et crache ses embruns sur les randonneurs. Sous ces latitudes, le temps change du tout au tout en moins de 5 min.

Norvège

La borne qui marque la fin du sentier de Knivskjellodden

Cap Nord, mode d'emploi

Le terminus du continent européen attire foule en été. L'immense aire de stationnement (très chère) au bout de la route en témoigne, avec ses nombreux bus et caravanes. Le site du cap Nord est certes très impressionnant avec ses falaises tombant droit en mer! Au bout du plateau, un grand mirador avec boutiques aux larges baies vitrées permet de se réchauffer. Mais pour profiter vraiment du panorama, il faut s'approcher du globe terrestre posé aux avant-postes. Par beau temps, on voit la pointe de Knivskjellodden, vers l'ouest…

L'arrivée 🥾

Enfin, après un peu plus de 2h30 de marche, on atteint le terminus du continent. Un vrai bout du monde, un lugubre recoin de l'Europe, marqué par une grosse borne en dalles de pierre grise portant un nom (Knivskjellodden) et un chiffre (71.11.08). Posée sur un rocher, en retrait, une vieille boîte en bois rouge bardée d'autocollants renferme un «carnet des randonneurs»,

dans lequel chacun inscrit rituellement son nom.

Quelques bouquets légers de linaigrettes oscillent au vent léger dans les anfractuosités des lapiaz littoraux. En toile de fond se déroulent, parfaitement visibles maintenant, les falaises de l'autre cap Nord, à l'emblématique silhouette de navire rocheux dressé en défi à l'océan. D'un coup de zoom, son globe terrestre apparaît. Aux beaux jours,

profitant des journées interminables de l'été arctique, certains randonneurs tentent de rejoindre le Knivskjellodden à minuit. Histoire de vérifier que le disque orangé du soleil rebondit bien sur l'horizon avant de s'élever à nouveau, sans jamais s'être couché.

Il ne reste plus qu'à rebrousser chemin et entamer votre retour, lequel se fait en grande partie en montée.

Le globe terrestre sur le cap Nord

Mer de Barents

Knivskjellodden

Cap Nord

Sandstrandfjorden

Mosesholet

Route E-69

**Stationnement
du sentier
du Knivskjellodden**

Vestfjorden

Skarsvåg

Gjesvær

Irevuotna

Route E-69

**Magerøya
(NORVÈGE)**

Nos conseils

À prévoir

Munissez-vous de bonnes chaussures imperméables, de provisions, d'eau et de vêtements chauds en cas de changement de temps brusque.

Détour par Gjesvær

Une route secondaire conduit à ce discret hameau de pêcheurs aux maisons rouges sur pilotis, blotties dans une baie au nord-ouest de l'île de Magerøya (l'île du cap Nord). Les flotteurs fluo s'y empilent sur l'herbe drue, juste en retrait de la grève, en attendant la prochaine sortie en mer. Pour seul contrepoint, l'océan glacial Arctique et un ciel souvent menaçant, strié par les vols des goélands et des macareux.

Pour poursuivre votre aventure

Cette randonnée peut être combinée avec celle de la région d'Ofoten (voir p. 148).

Norvège

Quand y aller?
Comme partout au nord de l'Europe, mieux vaut privilégier la belle saison, de mai à août. C'est alors que les colonies d'oiseaux sont les plus actives.

Sumburgh Head, îles Shetland

7 jours

Des **îles Orcades** aux **îles Shetland**

Pour qui ? Pourquoi ?

Les amateurs de paysages sauvages adoreront les îles Orcades et Shetland. Pas de foules ici, mais de jolies balades, souvent peu ardues. Reste à se méfier du vent en bord de falaise.

Inoubliable…

Suivre de l'œil le vol saccadé d'adorables macareux ou de fulmars qui planent longuement au sommet des falaises.

Découvrir des plages de sable presque blanc que baignent des eaux turquoise.

Franchir des murets de pierre et traverser des pâturages de moutons.

Orcades et Shetland, balades dans les îles vikings d'Écosse

Tout au nord de l'Écosse, les archipels des Orcades et des Shetland, plus proches du cercle polaire que de Londres, portent dans leurs veines et leur architecture l'empreinte marquante des Vikings, qui s'y établirent durablement, du VIIIe au XVe s. Nulle surprise qu'ils s'y soient sentis à leur aise : les paysages sauvages des îles, émaillés de falaises et de fjords, rappellent par bien des aspects la Scandinavie. On y randonne à merveille, entre colonies d'oiseaux marins, plages sublimes et troupeaux de vaches et de moutons.

Old Man of Hoy

Découvertes culturelles

En dehors de leurs beautés naturelles, les archipels des Orcades et des Shetland se distinguent par la richesse de leur héritage historique. L'époque néolithique y a été étonnamment féconde. Il y a plus de 4 500 ans, les hommes y ont dressé de grands menhirs et cromlechs (cercles de pierre), et inhumé leurs morts dans des tumulus, comme celui de Maeshowe, aligné dans l'axe du soleil lors du solstice d'hiver! L'ensemble a été classé au patrimoine mondial par l'UNESCO. On découvre aussi dans les deux archipels des sites archéologiques aux maisons de pierres accolées (comme à Ness of Brodgar, Skara Brae et Jarlshof) et des fortins (appelés *brochs*) que les Pictes, les ancêtres directs des Écossais, ont bâtis plus tard. Les Vikings ont, eux, surtout laissé leur marque dans l'architecture religieuse. Le plus bel édifice se trouve à Kirkwall, la capitale des Orcades : la cathédrale Saint-Magnus, en granit rose.

Jours 1 à 4

Les Orcades :
Île de Mainland 🚢 (50 min)
Île de Hoy 🚢 (1h45)
Île de Westray 🚶

Archipel le plus proche de l'Écosse, les Orcades (Orkney Islands) se composent de 70 îles, dont 16 sont habitées à l'année. La plus grande, Mainland, regroupe à elle seule 80% de la population et les principaux sites touristiques. On se balade le long de sa côte nord-ouest, entre le village néolithique de Skara Brae (Bay of Skaill) et le Brough of Birsay, un îlot aux ruines vikings qu'on atteint par une chaussée submersible (12,2 km, 4h de marche). Au programme : des pâturages, du vent, des falaises, la mer, des oiseaux qui griffent le ciel et cette sensation grisante de cheminer vers un petit bout du monde. Les

marcheurs motivés peuvent partir directement du port de Stromness pour rejoindre Skara Brae en une première étape de 19 km (6h à 7h de marche).

Un autre jour, il faut cingler vers la très sauvage et peu peuplée île de Hoy (Há Øy, « l'île haute » en vieux norrois). Les pacages ailleurs omniprésents cèdent ici largement la place aux

Île de Saint-Ninian

Ness of Brodgar

Le nord de l'Europe

landes gorgées d'eau. S'engouffrant dans un *glen* (vallée) très sauvage que survolent des pygargues à queue blanche, on rejoint le hameau de Rackwick, posté face à une superbe plage de galets battue par la houle. Un sentier s'élève ensuite (1h) vers l'Old Man of Hoy, la plus haute aiguille rocheuse du monde (137 m), plantée face aux falaises.

Plus au nord, l'île de Westray invite à d'autres promenades vivifiantes. Vers le Castle O'Burrian, un gros rocher échoué sur une grève de galets, où nichent des macareux au bec orangé. Et plus encore vers Noup Head, la pointe nord-ouest de l'île, bardée d'une envolée de falaises. On y slalome entre les crottes de moutons, jusqu'à tomber sur un *geo*, une longue faille très étroite creusée par les assauts incessants de l'océan. Pas bien loin, face aux vents dominants, des fous de Bassan se sont installés au mépris du vide.

Jours 5 à 7

Les îles Shetland : Mainland – Île de Saint-Ninian ⛴ (15 min) Île de Mousa ⛴ (25 min) Île de Noss ⛴ (45 min) Île de Papa Stour ⛴ (20 min) Île de Yell ⛴ (10 min) Île d'Unst 🚶

Ferry et avion permettent de passer directement d'un archipel à l'autre. Si les Shetland comptent également 16 îles habitées, près de 700 autres sont abandonnées aux oiseaux marins et aux tempêtes. Les paysages sont ici moins agricoles qu'aux Orcades. Plus rocailleux. Plus sauvages encore. Au nord, parmi les côtes très découpées, des fjords se dessinent, leurs eaux argentées ridées par le vent et le périscope de nombreux phoques. On y observe même parfois certaines des dernières loutres de mer de l'Europe.

Parmi les plus belles promenades, l'île de Saint-Ninian déroule une corolle de falaises grouillant d'oiseaux et des pâturages fourmillant de moutons. Elle est reliée à l'île principale, Mainland, par un tombolo, un cordon de sable blanc qui renvoie dos à dos deux anses splendides aux eaux turquoise. On en fait le tour en deux à trois heures. Tout au sud de l'île, on marche aussi entre la pointe de Sumburgh Head (phare) et les ruines néolithiques de Jarlshof (5,5 km), ou sur l'île de Mousa, où se dresse le plus grand *broch* (fortin picte) de l'Écosse.

Autres temps forts : la découverte des îles de Noss (inhabitée) et Papa Stour et de leurs falaises à oiseaux, la côte d'Eshaness, dardée face à l'Atlantique Nord, sur l'île principale, et, tout au nord de l'archipel, la réserve d'Hermaness sur l'île d'Unst. On y traverse la lande spongieuse sur une promenade en bois pour découvrir tout au bout des falaises homériques où nichent aussi bien fous de Bassan que macareux. Loin, très loin des humains.

Réserve d'Hermaness

Réserve d'Hermaness •
Île d'Unst

Les îles Shetland Île de Yell

Île de Papa Stour
Mainland

Île de Noss

Île de   Île de Mousa
Saint-Ninian

Ruines néolithiques Jarlchof
Sumburgh Head

OCÉAN ATLANTIQUE

Noup Head • Île de Westray

Brough of Birsay
Skara Brae
Stromness   Kirkwall
Old Man of Hoy **Mainland**
Rackwick
Île de Hoy   • St. Margaret's Hope

Thurso

Les Orcades

Mer du Nord

➤ **Nos conseils**

D'île en île

Des traversiers partant de l'île principale (Mainland) desservent toutes les îles habitées des deux archipels. En été, mieux vaut réserver si l'on veut passer une voiture.

Dormir dans un böd

Outre les campings (venteux), hôtels et incontournables *B&Bs* proposés dans les deux archipels, on trouve aux Shetland un réseau de *böds*, d'anciennes petites maisons ou abris de pêcheurs transformés en auberges pour cyclistes et randonneurs. Le confort y est inégal : parfois digne d'une vraie auberge de jeunesse, parfois réduit à sa plus simple expression (poêle à bois et point d'eau). Mais quelle ambiance !

Royaume-Uni

Quand y aller?
De mai à octobre, avec plus de chances de beau temps entre juin et août. Dans tous les cas, toujours s'équiper pour la pluie et le vent.

Les Mealt Falls à Kilt Rock

Le nord de l'Europe

⏱ 5 jours

🧭 Boucle au départ de **Fort William**

👢👢👢👢👢 ▲▲▲▲▲

Pour qui ? Pourquoi ?

🧭 *Un séjour pour les amateurs de décors à la fois montagneux et maritimes qui se révèlent lors de courtes randonnées très accessibles.*

Inoubliable...

🧭 *Admirer les falaises côtières à couper le souffle de Kilt Rock et sa cascade qui se jette dans la mer.*

🧭 *Randonner dans le décor dramatique du mythique Quiraing.*

🧭 *S'émerveiller devant les bassins naturels aux eaux turquoise des Fairy Pools.*

Exploration de la mythique **île de Skye** en Écosse

Embarquez dans un périple insulaire à nul autre pareil en explorant les massifs côtiers tapissés de bruyères et de moutons de l'île de Skye. Plus grande île de l'archipel des Hébrides intérieures, elle recèle un nombre incalculable de curiosités géologiques à découvrir au cours d'un *road trip* ponctué de courtes randonnées à pied. Falaises déchiquetées, éperons rocheux majestueux, bassins naturels aux eaux turquoise et hauts plateaux sauvages, laissez-vous charmer par le décor surnaturel de cette contrée, aussi séduisante qu'intimidante.

Quiraing

Talisker Bay

Neist Point

Jour 1

Fort William – Mallaig
🚢 (45 min) **Armdale (île de Skye) – Kilt Rock**

De Fort William, prenez la petite route jusqu'au port de Mallaig pour faire la traversée en bateau jusqu'à l'île de Skye. Puis mettez le cap sur la côte est de la péninsule de Trotternish avec un premier arrêt à l'Old Man of Storr, un éperon rocheux très photogénique, à contempler depuis la route ou de plus près via un chemin balisé. Puis, à 15 km au nord, ne manquez pas Kilt Rock, une falaise plissée tel l'habit traditionnel que portent les hommes des Highlands, d'où jaillissent les flots du Loch Mealt dans une cascade de 55 m de hauteur, les Mealt Falls.

Jour 2

Kilt Rock – Quiraing – Fairy Glen 🚶

Plongez aujourd'hui dans les paysages les plus mystérieux de l'île au cours d'une randonnée de plusieurs heures dans le Quiraing. Recouverte d'herbe rase, cette formation géologique d'origine volcanique présente une succession d'affaissements de terrain au sommet desquels on peut se promener. Le bleu de la mer, le gris du ciel et le vert du gazon s'entremêlent dans un tableau dramatique où les épines de roche prennent l'allure d'impressionnantes silhouettes, gardiennes des lieux. Continuez votre exploration de Skye par une balade à travers Fairy Glen, une contrée magique peuplée de petites collines pyramidales à grimper pour admirer les lochs et les spirales de pierre dessinées dans le gazon.

Jour 3

Fairy Glen – Neist Point – Talisker Bay 🚶

Dirigez-vous vers Neist Point, la pointe occidentale de l'île de Skye. Sur cette impressionnante presqu'île rocheuse, les falaises se jettent à pic dans la mer au-dessus de laquelle des oiseaux tourbillonnent dans les embruns. Un court sentier permet de se rendre jusqu'à un phare du bout du monde d'où l'on peut contempler les Hébrides extérieures lorsque le temps le permet. Reprenez la route vers le sud et faites un détour par la superbe plage de Talisker Bay, entourée de falaises herbeuses où paissent généralement des troupeaux de moutons.

Royaume-Uni

Fairy Pools

Le nord de l'Europe

Jour 4

Talisker Bay – Fairy Pools – Portree 🥾

À une demi-heure en voiture de Talisker Bay, les Fairy Pools se composent d'une série de cascades et de bassins nichés à l'ombre des Black Cuillins, les crêtes principales du massif des Cuillins. Par beau temps, l'eau de ces bassins prend une couleur turquoise et émeraude qui lui donne un caractère surnaturel. Si les premières cascades sont facilement accessibles au cours d'une randonnée d'une vingtaine de minutes depuis le stationnement de Glen Brittle, n'hésitez pas à poursuivre votre chemin pour atteindre les plus éloignées, encore plus belles et loin de la foule.

La traversée de l'île par le Skye Trail

Si vous souhaitez vivre une expérience de longue randonnée sur l'île, le Skye Trail s'offre à vous. Il s'agit d'une excursion de 130 km allant du nord de la péninsule de Trotternish jusqu'au pont de l'île, au sud-est, en passant par l'impressionnant massif des Cuillins. Cette traversée exigeante, de sept jours en moyenne, vous fera passer par les plus beaux attraits de l'est de l'île. Attention toutefois, le sentier n'est pas toujours bien balisé et certains tronçons sont difficiles, particulièrement le passage des crêtes de Quiraing et du massif des Cuillins. L'hébergement chaque nuit peut se faire dans un petit hôtel ou une auberge des quelques villages traversés. Le départ et l'arrivée de la randonnée sont bien desservis par le service d'autobus de l'île.

Jour 5

Portree – Fort William 🥾

Avant de quitter l'île de Skye, ne manquez pas d'aller déguster une soupe de poisson et un scone dans l'un des pubs de Portree, un adorable port de pêche aux maisons colorées. Puis prenez la route du retour vers Fort William en passant cette fois par le pont qui relie l'île à la terre ferme. Sans oublier de regarder derrière vous pour contempler une dernière fois Skye et ses paysages mythiques.

Portree

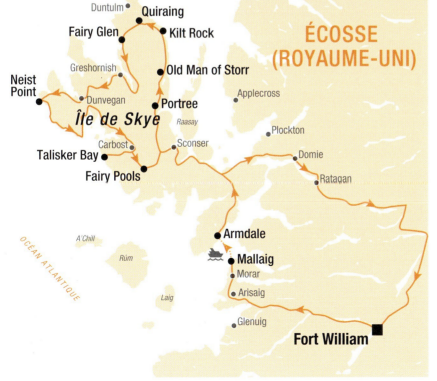

Duntulm • Quiraing
Fairy Glen •   • Kilt Rock
Greshornish • Old Man of Storr
Neist Point •   • Portree   Applecross
Dunvegan
Île de Skye   *Raasay*
Talisker Bay •   Plockton
Carbost • Sconser
Fairy Pools   Domie
Ratagan
Armdale
Mallaig
Morar
Arisaig
Glenuig
Fort William

OCÉAN ATLANTIQUE   *A'Chill*   *Rùm*   *Laig*

**ÉCOSSE
(ROYAUME-UNI)**

Nos conseils

Mine d'informations

Le site Internet *www.walkhighlands.
co.uk* est une ressource inestimable
pour préparer vos randonnées dans la
région des Highlands, y compris sur
l'île de Skye. Vous y trouverez toutes
les informations relatives aux sentiers
(cartes, accessibilité, parcours, etc.)
ainsi qu'aux services offerts à proximité
(transports, hébergement, restaurants
et activités alentour).

S'éloigner de la foule

Certains attraits naturels de l'île de Skye
sont très prisés par les touristes. Les
sentiers qui y donnent accès sont très
passants, mais il est souvent possible de
poursuivre son chemin par des tracés
connexes, moins fréquentés.

Royaume-Uni

Quand y aller?
L'été (juin à septembre) est indéniablement la meilleure saison pour entreprendre cette randonnée, alors que le jour dure presque 24h, que la température est plus clémente et que le risque de chute de neige est minimal.

Landmannalaugar

Le nord de l'Europe

⏱ **6 jours**

📍 De **Landmannalaugar** à **Skógar**

Pour qui ? Pourquoi ?

⏱ *Pour les aventuriers à la recherche de paysages dramatiques et spectaculaires qui désirent mettre à l'épreuve leur endurance et leur équipement, tout en restant dans une zone relativement sécuritaire et accessible à tout randonneur moyennement expérimenté.*

Inoubliable…

⏱ *Découvrir des paysages à la fois hostiles et d'une beauté inouïe.*

⏱ *Vivre l'aventure de franchir des rivières à gué.*

⏱ *Marcher parmi les sources thermales et fumerolles.*

⏱ *Se mesurer au climat particulier de l'Islande*

Le sentier du Laugavegur en **Islande** : on va marcher sur la lune!

L e trek du Laugavegur, de Landmannalaugar à Thórsmörk (55 km), est de loin le plus couru d'Islande. Et pour cause : ses paysages, issus d'activités volcaniques et géothermales, sont tout simplement époustouflants! Nous présentons ici ce parcours dans une version allongée – avec deux jours de marche additionnels (28 km) –, qui se rend jusqu'à Skógar. Paysages lunaires, montagnes multicolores, fumerolles, sources et rivières thermales, chutes, glaciers et impressions d'un autre monde sont au rendez-vous!

Thórsmörk

Lac d'Álftavatn

Refuge de Hrafntinnusker

Jour 1

Landmannalaugar – Hrafntinnusker 🚶

Cette première journée de marche se fait principalement en montée. En prenant de l'altitude, les vues de la vallée volcanique et des collines multicolores qui laissent s'échapper la vapeur de leurs entrailles donnent le ton de ce trek hors du commun.

La première nuitée se passe sur la colline où se trouve le refuge de Hrafntinnusker. Ceux qui l'apprécient peuvent même planter leur tente sur la neige! À 1 069 m, il s'agit du point le plus élevé de la randonnée.

Jour 2

Hrafntinnusker – Lac d'Álftavatn 🚶

En direction du lac d'Álftavatn, le « lac des Cygnes », certaines sections du sentier se recouvront de neige. Lorsque le brouillard s'installe, il faut d'ailleurs exercer sa vigilance pour ne pas s'égarer du chemin. Par temps dégagé, la longue descente en zigzags serrés offre un panorama à la fois aride et verdoyant.

Le sentier devient passablement étroit et peut parfois être achalandé en haute saison. Il reste néanmoins d'infinies possibilités de trouver un coin tranquille pour casser la croûte et admirer le paysage.

Jour 3

Lac d'Álftavatn – Emstrur 🚶

La première partie de cette section comporte trois rivières à passer à gué. Des bottillons en néoprène avec semelles seront des plus appréciés! Le reste de la journée est relativement facile : les quelques montées et descentes sont courtes et graduelles. Un long plat fait d'ailleurs traverser un mini désert de sable noir. L'ambiance peut s'avérer assez dramatique, surtout si le ciel est sombre.

Jour 4

Emstrur – Thórsmörk 🚶

Si la journée débute dans un environnement désertique, le décor devient de plus en

Col de Fimmvörðuháls

Première montée après avoir quitté Landmannalaugar

Landmannalaugar

Hrafntinnusker

Lac d'Álftavatn

ISLANDE

Emstrur

Thórsmörk

Col de Fimmvörðuháls

Skógar

OCÉAN ATLANTIQUE

Sur le sentier du Laugavegur

Des détours spontanés

Tout au long de cette randonnée, il est possible de quitter le sentier principal pour explorer davantage le terrain aux alentours. Tout en étant respectueux de l'environnement et de la végétation, prendre le temps de grimper un sommet ou de suivre une rivière thermale peut conduire à des spectacles et des découvertes inoubliables…

Le sentier du Laugavegur en Islande : on va marcher sur la lune!

47

Chute Skógafoss, Skógar

plus boisé et luxuriant. À mi-parcours, le sentier s'approche suffisamment du glacier Mýrdalsjökull pour qu'on puisse en saisir de jolis clichés. Quelques bonnes montées et plusieurs descentes caractérisent la journée, qui se termine au refuge Langidalur, dans la verte vallée de Thórsmörk, qui marque la fin officielle du sentier du Laugavegur. À partir d'ici, on peut rejoindre la route et retourner à la civilisation, ou continuer l'aventure deux jours de plus sur le sentier Skógar.

Jour 5

Thórsmörk – Col de Fimmvörðuháls 🏃

À elle seule, cette étape justifie un voyage en Islande! On passe d'abord entre les glaciers Mýrdalsjökull et Eyjafjallajökull avant d'atteindre le col enneigé de Fimmvörðuháls

(900 m plus haut). Les efforts en valent largement la peine : les vues imprenables se succèdent et, une fois au sommet, on sait que le reste n'est pratiquement que de la descente contemplatrice. À cela s'ajoute un sac à dos beaucoup plus léger, vidé des victuailles de plusieurs jours.

Jour 6

Col de Fimmvörðuháls – Skógar 🏃

Une douce descente de 1 000 m est au programme de la journée. Elle débute sur un chemin de gravier qui se transforme en sentier longeant la rivière Skógá. On y aperçoit de nombreuses chutes et cascades. La randonnée se termine tout en beauté au pied de la majestueuse chute Skógafoss.

🪧 Nos conseils

Climat changeant et difficile

En Islande, on aime dire que «si vous n'aimez pas le climat qu'il fait, attendez cinq minutes». Randonner dans les Hautes Terres islandaises implique donc d'être prêt à affronter tous les types de conditions climatiques. Être équipé de coquilles imper-respirantes (veste et pantalon) faciles à enfiler, retirer et ranger s'avère impératif. Ajoutons à cela un nécessaire isolant pour faire face à des températures allant de -5°C à +5°C la nuit et jusqu'à +20°C le jour quand le soleil est présent.

Dormir en refuge ou sous la tente?

Il est possible de passer la nuit en refuge à chaque étape. Les places sont toutefois limitées, et il faut réserver (très) longtemps d'avance. Le camping est permis près des refuges seulement, mais le nombre de places y est illimité.

Il faut aussi savoir qu'en Islande, le vent est maître : il est donc primordial de s'assurer d'ancrer solidement sa tente. En islandais, il y aurait d'ailleurs des dizaines de mots pour nommer les différentes variantes du vent, dont le plus parlant est *rokrassgat*, qui se traduit par «trou-du-cul de vent» (!).

Islande

Tourbière de Viru

Le nord de l'Europe

12 jours

D'**Oandu** à **Ikla**

Pour qui ? Pourquoi ?

- *Pour les randonneurs de longue distance qui ne cherchent pas nécessairement un parcours difficile, le terrain étant ici majoritairement plat. Pour profiter d'une belle nature sauvage empreinte de silence et de quiétude.*

Inoubliable...

- *Fouler le sol des plus grandes tourbières d'Europe en randonnant dans les parcs nationaux de Lahemaa et de Soomaa et dans la réserve naturelle de Põhja-Kõrvemaa.*
- *Être ébloui par la nature colorée, pratiquement intouchée, en parcourant un sentier où des pontons de bois permettent d'enjamber de nombreux marais.*
- *Profiter de la tranquillité de kilomètres de sentiers peu fréquentés, de lacs où il fait bon se baigner et d'autres splendeurs de ce pays européen méconnu.*

La mystérieuse **Estonie**, du nord au sud

Imaginez traverser un pays au grand complet en chaussures de randonnée. Voilà le défi que vous propose la longue route Oandu-Aegviidu-Ikla, qui sillonne l'Estonie du nord au sud en piquant dans les denses forêts de la réserve naturelle de Põhja-Kõrvemaa et des marais et tourbières parmi les plus vastes d'Europe. Une longue « balade » de plus de 370 km, du golfe de Finlande à la frontière de la Lettonie, à la découverte d'un pays fascinant, à moitié recouvert de forêts mystérieuses. Chemin faisant, vous parcourrez six comtés, deux parcs nationaux et neuf réserves naturelles, autant de terrains de jeu pour les randonneurs au long cours.

Chutes de Nõmmeveski

Martin-pêcheur d'Europe, parc national de Lahemaa

Jours 1 et 2

Oandu – Kalmeoja 🚶

Cette première longue randonnée d'environ 40 km commence au centre de la nature d'Oandu et offre une excellente vue d'ensemble sur le superbe parc national de Lahemaa. Parmi les merveilles naturelles à admirer au cours de ce segment de l'itinéraire, ne manquez pas le canyon de la rivière Pärlijõgi de même que les chutes de Nõmmeveski et de Vasaristi. Quelques petits villages se trouvent aussi le long du sentier balisé.

Jour 3

Kalmeoja – Nikerjärve 🚶

Les premiers kilomètres de cette deuxième étape vous mèneront d'abord au milieu de l'impressionnante tourbière de Viru. Vous traverserez ensuite la large autoroute qui relie Tallinn à Narva pour entrer dans la réserve naturelle de Põhja-Kõrvemaa, qui protège de superbes lacs et forêts ainsi que la grande tourbière de Suru.

Jours 4 et 5

Nikerjärve – Ardu – Kõuc – Hirvelaane 🚶

Dans la belle nature diversifiée de la réserve se trouve l'une des plus longues promenades en bois du pays; surmontant la tourbière de Kakerdaja, elle s'étire sur 3,5 km. Une fois la tourbière passée, vous marcherez une vingtaine de kilomètres sur des routes de gravier jusqu'au lac du réservoir Paunküla. Le sentier traverse ensuite de petits villages, dont Ardu et Kõue, avant d'atteindre le comté de Rapla et la prochaine étape, le camping de Hirvelaane.

Légendes estoniennes et lieux sacrés

On décrit souvent les forêts de l'Estonie comme étant des lieux mystérieux, magiques et sacrés. Il faut dire que la mythologie estonienne repose sur des croyances animistes et sur des légendes voulant que l'environnement du pays ait été façonné par des esprits anciens. Pour les Estoniens, l'espoir de «voir de leurs propres yeux» des créatures magiques et mythiques dissimulées dans la forêt fait partie du plaisir de se balader dans la nature. Des cérémonies aux accents mystiques – célébrant souvent le dieu Taara – se tiennent encore dans les bois, notamment dans la forêt de chênes sacrés près de Tartu.

Estonie

Parc national de Soomaa

Le nord de l'Europe

Jours 6 et 7

Hirvelaane – Tourbière de Loosalu – Colline de Paluküla Reevimägi – Tourbière de Mukri – Kellissaare 🚶

Poursuivez votre découverte du comté de Rapla où vous croiserez quelques fermes et petits villages rustiques. Puis, c'est le dépaysement total du parcours dans la grande tourbière de Loosalu, sur la colline de Paluküla Reevimägi, que les Estoniens considèrent comme sacrée, puis dans la tourbière de Mukri au milieu de laquelle s'élève une tour d'observation de 14 m. Vous arrivez ensuite au campement de Kellissaare, situé dans l'aire de récréation de Sakala.

Jour 8

Kellissaare – Kurgja – Hüpassaare 🚶

Cheminez dans l'aire de récréation de Sakala avant de rejoindre Kurgja, où la Ferme-Musée C.R. Jakobson vaut une visite pour découvrir l'histoire de Carl Robert Jacobson (1841-1882), un auteur et politicien qui a joué un rôle important dans l'éveil national estonien au XIXe s. Avant de reprendre la route, faites un petit arrêt gourmand à la taverne voisine, qui sert boissons et plats traditionnels estoniens. Une fois à Hüpassaare, sur le territoire du parc national de Soomaa, vous pourrez visiter la maison-musée du compositeur Mart Saar (1882-1963).

Jours 9 et 10

Hüpassaare – Kopra 🚶

Poursuivez votre périple vers le sud en sillonnant le parc national de Soomaa, un vaste territoire de 390 km² qui protège les tourbières, les prairies, les forêts et le patrimoine culturel de cette région du sud-ouest de l'Estonie. Un arrêt au centre d'accueil des visiteurs vous permettra d'en apprendre davantage sur la faune et la flore du parc.

Jours 11 et 12

Kopra – Ikla 🚶

La dernière étape de cette longue randonnée vous mène aux forêts du comté de Pärnu, site de prédilection des cueilleurs de champignons estoniens. Plusieurs options pour passer une dernière nuit en pleine nature s'offrent à vous en chemin : des sites de camping se trouvent notamment aux abords du lac Rae, près du golfe de Riga à Krapi et à Lemme, ainsi que dans la forêt au long du sentier. Votre périple se termine dans le village d'Ikla, près de la frontière de la Lettonie.

Tourbière de Loosalu

Nos conseils

Eau et nourriture

Le sentier ne passant que rarement dans des villages, vous devrez faire vos provisions dès que l'occasion se présente, notamment dans les lieux étapes de cet itinéraire. L'eau est quant à elle disponible dans les centres d'accueil des visiteurs des parcs que vous visiterez et peut également être puisée dans les lacs et rivières qui bordent le sentier, en prenant bien soin d'utiliser des pastilles de purification ou de la faire bouillir avant de la boire.

Le camping

Le camping sauvage est interdit en Estonie. Par contre, de nombreux campements constellent le sentier. Dotés d'une table de pique-nique, de bois de chauffage et d'un emplacement pour faire un feu, ils sont aussi généralement munis de toilettes sèches. Vous pouvez vous procurer une carte détaillée des installations de camping dans les offices de tourisme et postes d'accueil des parcs.

Des moustiques?

Qui dit lacs, milieux humides et marais dit forcément moustiques! Vous devez impérativement prévoir un insectifuge et un chapeau doté d'une moustiquaire pour ne pas perdre patience le long de la route. Dans les forêts, sachez que ce sont plutôt les taons qui talonnent les randonneurs.

Estonie

Quand y aller ?

De la mi-juin à la mi-septembre, la température moyenne variant alors entre 0° la nuit et 17° le jour. Ces températures estivales relativement clémentes s'accompagnent d'un soleil qui brille haut dans le ciel presque 24h sur 24, mais aussi de moustiques (en juin et juillet, un chapeau avec moustiquaire s'avère essentiel) et d'un sol souvent humide.

9 jours

De **Kangerlussuaq** à **Sisimiut**

Pour qui ? Pourquoi ?

Pour les randonneurs de longue distance (le parcours fait 160 km au total) et les aventuriers en quête de solitude (ne s'y rendent que 300 marcheurs annuellement). Pour profiter d'un des sentiers de randonnée au long cours les plus reculés et plus beaux de la planète.

Inoubliable…

Contempler de spectaculaires points de vue et paysages tout en prenant de grandes bouffées d'air frais énergisant.

S'émerveiller devant les couleurs de la plus grande île du monde : bien que recouvert à 85% de glace, le Groenland est en effet truffé d'une vibrante végétation multicolore.

Savourer le spectacle de la nature arctique qui se transforme au fil de la randonnée, de territoires désertiques en toundra en passant par des rivières cristallines, des collines arrondies et de hautes montagnes.

Paysage près d'Ikkattooq

Marcher le cœur battant au rythme de la nature sauvage du **Groenland**

Peu de voyageurs peuvent se targuer d'avoir foulé le sol du cercle arctique, et ils sont encore moins nombreux à avoir parcouru les sentiers peu fréquentés de ce royaume naturel qui s'étend loin de la folie des humains. Laissez le monde matériel derrière vous et partez à la découverte des beautés sauvages de cet Arctique tant rêvé. Ouvrez grand les yeux, le cœur et l'esprit pour vous abreuver des paysages qui s'inscrivent de façon indélébile dans les souvenirs de tous les privilégiés les ayant explorés. Bienvenue dans cet univers de silence et de nature vierge dont les splendeurs sont à la hauteur de tout ce que vous osez imaginer.

Fjord de Kangerlussuaq

La culture inuite

Vous découvrirez la culture et les traditions inuites au long du parcours : dans les musées (embarcations, masques, instruments de musique, outils, vêtements et autres objets traditionnels), lors d'événements et de rituels (cérémonies, chants, danses, démonstrations de dépeçage d'animaux) et de rencontres avec les membres de cette communauté dans différents villages.

Jours 1 et 2

Kangerlussuaq – Kellyville – Hundesø – Katiffik 🥾

Le point de départ officiel du Sentier du cercle arctique (Artic Circle Trail) se trouve à Kellyville, 16 km à l'ouest de Kangerlussuaq. Pour vous y rendre, vous pourrez marcher ces kilomètres additionnels le long d'un sentier poussiéreux (où il y a peu à voir), ou sauter dans un taxi.

Du kilomètre zéro, vous ferez vos premiers pas à travers la toundra mousseuse du Groenland, marchant sur les rives de nombreux lacs glaciaux, dans des zones marécageuses, puis en pleine montagne, avant d'arriver à Hundesø et finalement, à Katiffik.

Jour 3

Katiffik – Kangerluatsiarsuaq (Canoe Centre) 🥾

Ce tronçon de 25 km se déroule sur la rive du lac Amitsorsuaq et mène au Canoe Centre, la plus grande cabane du parcours (qui peut accueillir jusqu'à 16 personnes). Le long du sentier, vous pourrez cueillir des baies arctiques, un véritable délice. Vous apercevrez peut-être également des canots mis gratuitement à la disposition des randonneurs sur les berges du lac ; certains les utilisent pour accéder au Canoe Centre par le lac, une formule intéressante pour changer de la marche.

Jour 4

Kangerluatsiarsuaq (Canoe Centre) – Ikkattooq 🥾

Cette étape de 16 km, d'abord sinueuse, serpente à travers une série de collines rocheuses avant d'aboutir à la plage immaculée d'un lac. Le sentier dévoile ensuite une pente raide et des falaises accidentées, puis quelques montées supplémentaires dans les montagnes avant de se transformer en chemin rocailleux menant jusqu'à la cabane Ikkattooq.

Dans les environs de Nerumaq

Le nord de l'Europe

Ikkattooq – Eqalugaarniarfik 🚶

Vous affronterez aujourd'hui une crête abrupte avant de poursuivre sur le sentier qui descend au cœur d'une immense vallée vers la rivière Ole's Lakseelv, où deux options s'offrent à vous : la traverser à pied (en été, vous aurez de l'eau jusqu'aux genoux ou aux cuisses) ou marcher encore un peu plus jusqu'à un pont de bois. Légèrement mouillé ou bien au sec, poursuivez sur le tracé en piquant dans les montagnes de roches en direction de la cabane d'Eqalugaarniarfik.

Eqalugaarniarfik – Innajuattoq 🚶

Le prochain tronçon de 19 km traverse une région parsemée de lacs et de montagnes aux sommets enneigés. Le long de la route, la toundra affiche ses plus belles couleurs. Les fleurs et les plantes aux tons vifs égaient les kilomètres qui s'enfilent sous vos pieds, puis laissent place à des bosquets de saules herbacés.

Innajuattoq – Nerumaq 🚶

Cette journée débute dans une vallée bordée de petits lacs et parsemée d'herbe à coton dansant au rythme du vent. Le sentier vous fait ensuite pénétrer dans une forêt de saules nains avant de vous mener vers de nombreux lacs et quelques petites cascades qui s'écoulent du sommet des montagnes, facilement franchissables en sautillant d'une roche à l'autre. Ici encore, c'est l'immensité et le calme de la nature qui frappent l'esprit.

Nerumaq – Kangerluarsuk Tulleq – Sisimiut 🚶

Les dernières étapes de cette randonnée sont remplies de bonheur, de fierté et d'excitation à l'approche du village de Sisimiut, mais aussi d'un ardent désir de s'imprégner au maximum des grandioses paysages de l'Arctique pour la dernière fois. De cette étape, vous conserverez le souvenir du sentier qui remonte dans les montagnes et franchit une vallée cernée de sommets enneigés, d'un champ de rochers que traverse une petite rivière et d'une large vallée baptisée Nasaasaaq. Puis, apparaissent l'océan Arctique et un haut massif depuis lequel vous pourrez admirer l'un des plus beaux et plus colorés petits villages de pêcheurs au monde : Sisimiut.

Sisimiut

Détroit de Davis

Fjord de Nordre Isortoq

Groenland
(DANEMARK)

Innajuattoq
Nerumaq
Eqalugaarniarfik
Kangerlussuaq
Ikkattooq
Hundesø
Kellyville
Kangerluarsuk Tulleq
Katiffik
Sarfannguit
Sisimiut
Kangerluatsiarsuaq
Fjord de Kangerlussuaq
Itivdleg

Nos conseils

Dans quel sens?

Les randonneurs entament généralement leur aventure à Kangerlussuaq pour voyager « du champ de glace vers l'océan », les paysages se faisant de plus en plus spectaculaires au fil des kilomètres. Alors que croît la popularité (tout de même relative) de cette randonnée, certains choisissent plutôt de faire le trajet en sens inverse, de Sisimiut à Kangerlussuaq.

Hébergement

Mis à part les hôtels et auberges des deux villes principales, seules deux options permettent de dormir en chemin : le camping sauvage ou les petites cabanes (sans eau ni électricité) qui parsèment le sentier à tous les 10 à 15 km, mais ne peuvent être réservées. Sachez qu'elles sont souvent occupées lorsqu'on y arrive en fin de la journée.

Préparation

Il faut bien se préparer physiquement avant d'aborder cette longue randonnée, notamment s'entraîner à marcher plusieurs jours en portant un sac bien rempli sur le dos, tout randonneur devant être équipé de vêtements adéquats pour affronter les températures changeantes de l'Arctique, d'articles de camping et de nourriture. L'eau des rivières étant potable, il n'est pas nécessaire de la purifier avec des pastilles.

Danemark

Sur la Kungsleden, non loin du Parc national de Sarek

Le nord de l'Europe

22 jours

D'**Abisko** à **Hemavan**

Pour qui ? Pourquoi ?

Pour les marcheurs endurants, aguerris à la randonnée en autosuffisance et capables de marcher plusieurs jours d'affilée en portant un sac à dos conséquent dans des conditions météo parfois difficiles. Pour vivre une aventure nordique au cœur d'une nature préservée.

Inoubliable…

- Ressentir une émotion immuable devant les immenses étendues arctiques.
- Profiter de la qualité des infrastructures des itinéraires (passerelles, ponts, chaloupes pour traverser les lacs, magasins d'approvisionnement au milieu de nulle part et refuges idéalement situés).
- Marcher dans une toundra qui s'étend à perte de vue sous le soleil de minuit.
- Bivouaquer en compagnie des rennes.

La **Kungsleden**, reine des randonnées en **Laponie**

C'est au-delà du cercle polaire arctique que débute la Kungsleden (Voie Royale en français), l'un des sentiers de grande randonnée parmi les plus spectaculaires du monde. Ce parcours d'anthologie de plus de 400 km se traverse du nord au sud, d'Abisko à Hemavan, au cœur des paysages chimériques de la Laponie suédoise, sous un ciel immense qu'éclaire la lumière spectrale du soleil de minuit. Les Suédois s'efforcent de choyer les randonneurs en leur offrant des infrastructures d'accueil de premier ordre. Votre expérience n'en sera que sublimée au point d'oublier la fatigue et les caprices du climat boréal. Une aventure à la fois trépidante et méditative vous attend!

Chaloupes sur le delta du Rapadalen

La traversée des lacs

Une myriade de lacs ponctuent votre trajet et bien que vous les contournerez la plupart du temps, vous devrez parfois les traverser en chaloupe à moteur avec pilote ou en bateau à rames en libre-service. Trois de ces bateaux sont toujours amarrés au bord des lacs pour assurer que l'un d'eux se trouve invariablement sur l'une des deux rives. Cependant, si vous devez traverser lorsqu'un seul est présent, vous devrez en remorquer un autre en revenant pour qu'une embarcation soit en tout temps disponible sur la rive. Ayez toujours de l'argent liquide sur vous, car certains pilotes n'acceptent pas les cartes bancaires.

Sur le sentier près du refuge d'Abiskojaure

Renne

Jours 1 à 3

Abisko – Abiskojaure – Alesjaure – Sälka 🚶

Amorcez votre périple avec une mise en jambe de 13 km à travers la forêt en suivant le cours d'une rivière bouillonnante jusqu'au refuge d'Abiskojaure. Le lendemain, marchez sur 22 km au-dessus des arbres au milieu de la toundra, dans une vallée immense, jusqu'au refuge d'Alesjaure, situé au bord d'un cours d'eau. Terminez ce premier tronçon de trois jours avec un trajet de 25 km qui longe une rivière dans un mélange de toundra et de taïga. En franchissant le col de Tjäktja, vous bénéficierez d'une vue fantastique sur une gigantesque vallée glaciaire. Nuit au refuge de Sälka.

Jours 4 à 6

Sälka – Kaitumjaure – Saltoluokta – Vakkotavare – Sitojaure 🚶

Au menu de votre quatrième journée sur la Voie Royale : 25 km à parcourir en côtoyant un cours d'eau qui arrose la toundra jusqu'au refuge de Kaitumjaure, près d'un grand lac. Le lendemain, vous randonnerez sur 22 km pour vous rendre jusqu'à Saltoluokta. Traversez le lac Langas en chaloupe, puis retournez sur le sentier pour vous rendre au refuge de Vakkotavare. Le sixième jour, le chemin gagne en altitude, puis redescend non loin du Parc national de Sarek sur 20 km. Traversée en barque et étape au refuge de Sitojaure.

Jours 7 à 9

Sitojaure – Aktse – Partestugan – Kvikkjokk 🚶

Sur un trajet de 13 km au départ de Sitojaure, vous atteindrez une crête pour ensuite descendre de l'autre côté de la vallée en profitant d'une vue imprenable sur le delta du Rapadalen. Terminez la journée au refuge d'Aktse. Le lendemain, traversez le delta en bateau, puis franchissez 20 km sur un sentier relativement boueux avant d'arriver au refuge de Partestugan. Au programme du neuvième jour : 16 km dans la forêt boréale suivis d'un passage en bateau jusqu'au refuge de Kvikkjokk.

Suède

Dans les environs de Kvikkjokk

Le nord de l'Europe

Jours 10 à 12

Kvikkjokk – Tsielekjåhkå – Lac Gistojávrátj – Båråktjåhkkå 🚶

Trois autres jours de randonnée d'une moyenne de 15 à 20 km à parcourir quotidiennement, avec plusieurs vues spectaculaires pour récompenser vos efforts. La dixième journée se déroule au cœur d'une grande forêt de bouleaux, avec une nuitée au refuge de Tsielekjåhkå. La marche du lendemain se fait essentiellement en montée avant une longue descente tranquille jusqu'au lac Gistojávrátj pour une nuit de camping. Le 12e jour, le sentier longe une rivière puis une forêt clairsemée jusqu'à un site de camping.

Jours 13 à 15

Båråktjåhkkå – Vuonatviken – Jäkkvik – Adolfsström – Sjunlttje 🚶

Ce tronçon de trois jours débute avec une vingtaine de kilomètres de marche sur un sentier forestier jusqu'à Vuonatviken, où vous traverserez un lac en bateau. Terminez la journée au refuge de Jäkkvik. Le lendemain, vous devrez marcher 22 km dans un paysage montagneux exceptionnel qui vous conduira au refuge d'Adolfsström. Encore 22 km à parcourir le jour suivant, dans un décor varié de forêts, lacs et rivières jusqu'à votre hébergement, au refuge de Sjunlttje.

Jours 16 à 18

Sjunlttje – Rävfjället – Ammarnäs – Aigerstugan 🚶

Au programme de la 16e journée, un long trajet de 25 km, plutôt vallonné, jusqu'à la région du mont Björkfjället, avec traversée de la vallée de la Vindelälven jusqu'à votre halte pour la nuit au refuge de Rävjället. Vous franchirez la magnifique rivière Vindelälven le lendemain, puis traverserez des tableaux montagneux fantastiques avant d'arriver au refuge d'Ammarnäs. La petite balade de 8 km du 18e jour vous permettra de récupérer un peu. Ça grimpe, mais la vue d'en haut est féerique. Nuit relaxante au refuge d'Aigerstugan.

Delta du Rapadalen

Nos conseils

Bien s'équiper

Privilégiez des vêtements techniques en appliquant le principe de la superposition des couches. Évitez les tissus en coton qui ont tendance à rester humides.

Emportez un sac de couchage en duvet éprouvé pour 0°, tout le nécessaire pour cuisiner et suffisamment de produits lyophilisés. Vous pourrez aussi vous réapprovisionner dans les magasins des refuges.

L'eau étant omniprésente tout au long de la randonnée, vous n'aurez qu'à remplir votre gourde dans n'importe quel cours d'eau. Évitez toutefois les lacs et eaux stagnantes.

Pour vos équipements électroniques, les systèmes de recharge par panneaux solaires à installer sur le sac à dos sont excellents.

Emportez un insectifuge et un chapeau muni d'une moustiquaire. Évitez les shorts et portez des manches longues. Les moustiques du Grand Nord sont voraces!

Se loger

Des refuges confortables, mais sans eau ni électricité, jalonnent le parcours à chaque étape. De plus, des cabanes d'urgence sont disséminées un peu partout le long du trajet. Les réservations sont conseillées pour vous garantir un espace, mais non obligatoires. Le camping sauvage est permis

Jours 19 à 22
Aigerstugan – Servestugan – Tarnasjöstugan – Viterskalsstugan – Hemavan

Le premier de ces quatre derniers jours de marche, vous atteindrez le point culminant (1050 m) de la Kungsleden en grimpant vers un plateau, avant de descendre vers votre refuge à Servestugan. Le jour suivant comporte environ 14 km de randonnée dans l'ambiance magnifique d'un milieu montagneux jusqu'au refuge de Tarnasjöstugan. Départ tôt le lendemain pour un «gros bout» de 26 km à parcourir, avec plusieurs montées et descentes. Vous serez ravi d'atteindre le refuge de Viterskalsstugan. Heureusement, la dernière journée est plus douce, avec une promenade de 11 km dans les montagnes et, au loin, la station de ski d'Hemavan, où restaurants et hôtels confortables vous attendent!

Abisko
Abiskojaure
Alesjaure
Sälka
NORVÈGE
Kaitumjaure
Parc national de Sarek
Saltoluokta
Sitojaure
Aktse
Partestugan
Kvikkjokk
Tsielekjåhkå
Lac Gistojávrátj
Jäkkvik
Vuonatviken
Sjunittje
Adolfsström
Rävfjället
Tarnasjöstugan
Ammarnäs
SUÈDE
Viterskalsstugan
Aigerstugan
Servestugan
Hemavan

Massif du Dachstein, Autriche

Sicile, Italie

Index

A

Açores 116

Allemagne 82, 86

Alpes 28, 32, 54, 58, 64, 72, 78, 86

Andalousie 100

Angleterre 140, 156, 164

Ardennes 136

Autriche 78, 86

Auvergne 36

B

Belgique 136

Bretagne 40, 44

C

Canaries, îles 124

Compostelle, chemin de 128, 132

Corse 46, 50

Crète 104

Croatie 108

D

Danemark 194

E

Écosse 178, 182

Espagne 100, 112, 124, 128, 132

Estonie 190

F

Finlande 152

France 18, 20, 24, 28, 32, 36, 40, 44, 46, 50

Dolomites italiennes

G

Grèce 104
Groenland 194

I

Irlande 168
Islande 160, 162, 186
Italie 18, 28, 86, 92, 96

M

Madère 120

Majorque 112
Mercantour 18
Monténégro 110

N

Norvège 144, 148, 174

P

Pologne 76
Portugal 116, 120, 132
Pyrénées 20

R

Royaume-Uni 140, 156,
   164, 178, 182

S

Sicile 92
Suède 198
Suisse 28, 32, 54, 58, 62,
   64, 68, 72

V

Vaucluse 24

Mont Cervin, Suisse